江苏省青少年征文大赛组委会　编

书香伴我成长

江苏省青少年征文大赛优秀作品集

南京师范大学出版社

前言

年华如逝水，书籍可追回

这是一本20余万字的征文获奖作品集，这是一扇20多万中小学生参与比赛的成果展示窗，这也是主办方与承办者《扬子晚报》为促进广大青少年多读书、读好书而搭建的一个大平台。

在2023年4月23日世界读书日这一天，"书香伴我成长"江苏省青少年征文大赛启动了。我为这次活动写下寄语"年华如逝水，书籍可追回"。我相信，《书香伴我成长：江苏省青少年征文大赛优秀作品集》本身就是一本好书，过了若干年后，每一个曾经参与这次比赛的同学，特别是书中有自己作品的同学，再翻阅到这本书，一定会记忆如潮，那逝去的年华仿佛又会来到眼前。当年读书后的写作心声，定能跨越时空，化作最动听的历史回声。

我注意到"书香伴我成长"是这次比赛的总主题。"读书"与"成长"的内在因果关系，是它的核心意涵。通过400多篇获奖作品，评委们发现、捕捉到了同学们生活的闪光点、思想的闪光点、表达的闪光点。"脚步丈量不到的地方，书籍可以""生活里没有书籍就像大地没有阳光，智慧里没有书籍好像鸟儿没有翅膀""书中虽然不能解决你所有的问题，但书中一定能找到你冲破困难的力量"……我们从同学们生活、思想、表达的闪光点中，能感受到当代青少年对读书的热切渴望和独特体悟，同学们也展现出了新时代青少年的别样风采。

读书究竟为了什么？有人曾经针对高中生群体做过问卷调查：对于"多读

书为了考出好成绩，考出好成绩为了考上好大学"的选项，认同的学生占有一定的比例。在这次征文活动中，很多同学文章立意高远，比如"为中华之崛起而读书"，比如"有为时代我作为"，比如做有理想、有本领、有担当的时代新人……好几位选手都写到了三代人同读一本"红色经典"，一本"红色经典"伴随三代人成长的故事。红色基因与革命传统的传承，体现了当代青少年正确的人生观、价值观、世界观，引导作用十分显著。

有人说学生学业负担比较重，没有时间读书，但从征文中可以看到，同学们读了不少书，有《红楼梦》等古典名著，有如霍金的《时间简史》这样的科学名著，还有不少同学爱读《上下五千年》这样的通俗历史读物。我注意到，有同学对著名学者李泽厚的《美的历程》非常熟悉，而且有自己的见解。这些都表明，同学们不仅热爱读书，而且涉猎广泛。读书是需要兴趣的，而兴趣是可以培养的。我想起《小王子》中的一段话：如果想造一条船，不要雇人收集木料，也不要分配给他们任务，而是激发他们对海洋的渴望。我们的教育，如果能激起孩子们对读书的渴望，这便是最大的成功。"书香伴我成长"，一次比赛活动，20多万学生积极参加，这是主流媒体的活动创意，也是大教育时代的观念创新。

我们说要多读书，读好书，什么是好书？经典就是好书。为什么要读经典？意大利作家卡尔维诺回答得最"经典"：每一次读就像第一次读那样新鲜。活动主办方告诉我，来稿统计表明，所有的同学都在读经典，也有相当一部分同学在读老师和家长推荐的新出版的好书。我赞成同学们读"高贵血统的书"。当然，选得好书还要讲究读书的方法，如精读、泛读、批注、摘抄、写读后感、概述等等。方法科学，又十分用心，读书便能起到事半功倍的效果。

今年的征文比赛告一段落了，《书香伴我成长：江苏省青少年征文大赛优秀作品集》即将出版，但我们读书的日子还长。前程远大，有好书相伴，我们前行不会寂寞。有一天，我们回望走过的岁月，一定是一路繁花。

目录

前言：年华如逝水，书籍可追回 …………………………………… 001

小学组

【一等奖】

自古执卷方致远 ………………………………… 刘诗韵 003
书香里的运河 …………………………………… 徐子婉 006
做新时代的"花木兰" …………………………… 王思语 009
坚持与热爱的种子——读《熊猫小四》有感 …… 邵明灿 012
我在书中拾级而上 ……………………………… 张珈宁 014
阅读如镜 ………………………………………… 蔡泓吟 016
追梦少年，逐梦北斗 …………………………… 卞鹏然 018
书，见证我们的友谊 …………………………… 吴佳岩 020
我的读书成长史 ………………………………… 李嘉图 022
最是书香能致远 ………………………………… 刘正卿 024

【二等奖】

读一页书，寻一片光 …………………………… 胡芮菲 026
一本书打开一扇窗 ……………………………… 刘科含 029
"三味书屋"新解 ………………………………… 肖依凡 032
浸润书香 ………………………………………… 柏欣悦 034

001

信仰，照亮生命之光——读《红星照耀中国》有感	刘　畅	037
轻风暖阳送书香	金　果	040
总有那么一束光	李轶可	042
遇见，看见	李熵辉	044
书香缠绵，沫书深邃	蒋　啸	046
化茧成蝶，逆风飞翔——读《树孩》有感	刘文轩	048
案板下的读书声	李昮泽珵	051
以书为友	胡灏辰	053
书中知吾乡	华梓宁	055
人可以被毁灭，但不能被打败	黄项溶	057
我与《传承》的故事	周昕辰	059
仰望星河，筑梦九天	杨政纶	061
有着年久失修味道的书	傅星皓	063
毛毛虫的启示	丁柳萱	065
书香，我的"围城"！	赵梓夷	067
小勺回家了	顾书逸	069

初中组

【一等奖】

三读《水浒传》	徐浩轩	073
那棵树·那首诗·那个我	张雨晨	076
书香缱绻，岁月生香	朱睿敏	078
香菱教我学唱歌	程薛仔	080
这样的守护很中国——读《我心归处是敦煌》有感	徐子悠	083
最后的胜利者	孙　宁	086

目录

读书与傲慢的不等式⋯⋯⋯⋯⋯⋯⋯⋯⋯⋯⋯⋯⋯ 戴宇翔　089

再见，童年⋯⋯⋯⋯⋯⋯⋯⋯⋯⋯⋯⋯⋯⋯⋯⋯⋯ 孙欣旗　092

书香·黄昏⋯⋯⋯⋯⋯⋯⋯⋯⋯⋯⋯⋯⋯⋯⋯⋯⋯ 董沫含　095

追梦⋯⋯⋯⋯⋯⋯⋯⋯⋯⋯⋯⋯⋯⋯⋯⋯⋯⋯⋯⋯ 张　洁　098

【二等奖】

犹是园外人⋯⋯⋯⋯⋯⋯⋯⋯⋯⋯⋯⋯⋯⋯⋯⋯⋯ 王雨嘉　101

过火后的光明⋯⋯⋯⋯⋯⋯⋯⋯⋯⋯⋯⋯⋯⋯⋯⋯ 史慧妍　104

书里书外⋯⋯⋯⋯⋯⋯⋯⋯⋯⋯⋯⋯⋯⋯⋯⋯⋯⋯ 张润东　108

有一位好友，有一种旅途⋯⋯⋯⋯⋯⋯⋯⋯⋯⋯⋯ 郑馨儿　111

感谢有你，陪我长大⋯⋯⋯⋯⋯⋯⋯⋯⋯⋯⋯⋯⋯ 薛湘岚　114

书友·书师⋯⋯⋯⋯⋯⋯⋯⋯⋯⋯⋯⋯⋯⋯⋯⋯⋯ 陶心怡　117

书香伴我行⋯⋯⋯⋯⋯⋯⋯⋯⋯⋯⋯⋯⋯⋯⋯⋯⋯ 高楠熙　120

我的朋友，开卷有益⋯⋯⋯⋯⋯⋯⋯⋯⋯⋯⋯⋯⋯ 徐桦琳　123

书的光芒⋯⋯⋯⋯⋯⋯⋯⋯⋯⋯⋯⋯⋯⋯⋯⋯⋯⋯ 张家赫　125

书，成长与生命之歌⋯⋯⋯⋯⋯⋯⋯⋯⋯⋯⋯⋯⋯ 冉弘宇生　128

难忘公公手抄的那本书⋯⋯⋯⋯⋯⋯⋯⋯⋯⋯⋯⋯ 张恩典　131

读书·品香·成长⋯⋯⋯⋯⋯⋯⋯⋯⋯⋯⋯⋯⋯⋯ 梅　婷　134

墨韵书香，伴我成长⋯⋯⋯⋯⋯⋯⋯⋯⋯⋯⋯⋯⋯ 翟以然　136

书香致远，筑梦中华⋯⋯⋯⋯⋯⋯⋯⋯⋯⋯⋯⋯⋯ 卢梓萌　138

《红楼梦》感悟——我成长的记录⋯⋯⋯⋯⋯⋯⋯ 李思婷　140

书香中的世界⋯⋯⋯⋯⋯⋯⋯⋯⋯⋯⋯⋯⋯⋯⋯⋯ 鞠亚宇　142

书香·成长⋯⋯⋯⋯⋯⋯⋯⋯⋯⋯⋯⋯⋯⋯⋯⋯⋯ 陈嘉仪　144

答案⋯⋯⋯⋯⋯⋯⋯⋯⋯⋯⋯⋯⋯⋯⋯⋯⋯⋯⋯⋯ 房子越　146

追光者⋯⋯⋯⋯⋯⋯⋯⋯⋯⋯⋯⋯⋯⋯⋯⋯⋯⋯⋯ 葛雨昕　149

书香伴我成长⋯⋯⋯⋯⋯⋯⋯⋯⋯⋯⋯⋯⋯⋯⋯⋯ 郁雯为　152

高中组

【一等奖】

个人与国家的关系——读《偷书贼》有感	孙雨桐	157
逃离缆车，奔赴旷野	胡晶晶	160
破解预言	朱　可	163
幻灭是灿烂的伊始	李雨甜	165
吾心安处有书乡	胡亚雯	169
人间草木深，我心桃花源——淡淡书香，诗意成长	王欣怡	171
读书记略	陆昶屹	174
吹灭读书灯，一身都是月	刘　伟	177
多批判方不受人惑	张博清	179
慎读，青少年成长之基	张乐尧	181

【二等奖】

丧钟不鸣	汤　宁	183
窃	卫天倪	188
带着理性的荒诞	严绍伦	191
谁在夜晚守护着孤独的月亮	常文博	194
昭明台下半书生——乡邦文献与我的乡梓情	骆楷文	197
山山而川，不过尔尔	陶奉仪	200
"红楼"一曲，大梦一场——读《红楼梦》有感	钱臆朵	203
世界的绽放	胡冉月	206
阅己，悦己，越己	朱思蕊	209
目送成长	尤钧诚	211
庄子可医"现代病"	蒋浩轩	214

那些你陪我走过的时光………………………………………… 李　鑫　217
以书为鉴的文学漫步………………………………………… 张渝庶　219
透过书之窗…………………………………………………… 姚睿齐　221
书香墨浓，伴我同行………………………………………… 陆　川　223
书香氤氲，且行且歌………………………………………… 李　鑫　225
攀一程生命的峰峦…………………………………………… 潘文鸿　228
于书香中听见力量，于现实中展望将来…………………… 高雅静　230
品书之韵味，守心之清幽…………………………………… 何　梅　232
诗酒趁年华…………………………………………………… 刘姝丽　234

【附录】

获奖名单………………………………………………………………… 237
优秀指导老师奖名单…………………………………………………… 260
优秀组织奖名单………………………………………………………… 262

小学组

一等奖

自古执卷方致远

刘诗韵

泰州市姜堰区东桥小学教育集团东板桥校区六（4）班

"俯仰之间已陈迹，暮窗归了读残书。"于一夜殆尽，晨光破晓，黎明将至，或是落日熔金之时，转瞬间世间的一切都将化作陈迹，不如暮色之下执卷读书。自古以来，读书方能致远。读书亦是忆往昔，看今朝，畅未来。

读书是文化的传承。古语有云：读书须用意，一字值千金。书中有文化，挥毫泼墨之中流露出中华民族五千年的灿烂文化，当然也道尽古罗马的兴衰血泪史和西方文化。当我们吟诵苏轼的"旧书不厌百回读，熟读深思子自知""粗缯大布裹生涯，腹有诗书气自华"，当儒家文化浮于脑海，心中思绪万千，或将回望历史，畅谈中华古今文化之久远。书是人类文化遗传的瑰宝，读书，让我们了解传统文化，体会"非遗"的博大精深。读书，将逐渐消失在大众视野的民间制品拉回我们的生活，实现文化的传承，方能展望致远。

读书是立志的基础。读"莫等闲，白了少年头，空悲切"，立珍惜时光之志；读"人生自古谁无死，留取丹心照汗青"，立报效祖国之志；读"沉舟侧畔千帆过，病树前头万木春"，立不灭信心之志。读书让我们认识世界，拥有正确的三观。当我们有了正确的志向，即为实现以后的目标打下基础。读书让我们心怀远方，对未来憧憬，向美好的期许奋斗。书宛若一扁舟，带领我们渡过重洋，实现理想。书是我们生活学习中必不可缺的精神食粮，它清香四溢，沁人心脾。当你读了足够多的书，肚子里沉积了充实的墨水，你将会看遍人生百态。因为有了知识，才能更好地认识世界。"纸上得来终觉浅，绝知此事要躬行。"你读过的书会告诉你这个世界是什么样的，当然有些事情要自己去经历探索，所以读书便成为探索世界的基础。

读书是进步的引擎。一个人多读书，可以认识到自己知识的匮乏，从而实现进步。生活中浮光掠影的东西让人眼花缭乱、迷失方向，但书让你拥有清醒的认知。智者说书是人类的救赎，当你有了一定的基础静下心来读书，你读过的书终将成为你的气质和风骨，使你实现飞跃式的进步。书可以提高涵养与境界，刘向说："书犹药也，善读之可以医愚。"书是精神世界的良药，虽有时苦，却终将甘甜。俗话说：鸟欲高飞先振翅，人求上进先读书。可见读书是必要的，想摆脱那些暗淡浑浊的过去，成就今天闪闪发光的自己，就得用心读书。书若灯，引领我们进步。正可谓读书是进步的引擎。

读书是未来的畅想。书可以打破时间的格局，可回望过去，能展望未来。读书可以点亮人生，改变命运。在这个快节奏的社会，高速发展让人沦陷于"读书有何意义"的桎梏。很多人认为读书是为金榜题名，但并非如此，读书是为实现自己的理想，让未来的梦想有迹可循。我们用读书领略时代的变迁，探索世界的日新月异。读书让我们保持坚持不懈的精神、积极乐观的心态，让我们更好地去畅想、创造未来。在知识更新迭代不断加快的信息时代，人类需要掌握的技能不断增多，读书学习的紧迫性更加明显。因此，我们更要形成读书的习惯，才能跟上时代发展的步伐，以过硬的本领成就精彩的人生！

何况，阅读是历史的回望、心灵的净化，也是梦想的启示、希望的播撒，是思想的觉醒、精神的启迪，更是文明的接力、文脉的传承。因为阅读，我们不断成为更好的自己；也因为阅读，人类不断创造更美好的世界。

窗外树影斑驳，天边红艳已落幕。碧落之中一轮望舒接高挂，我仍执卷诵古今，只曾听"外物之味，久则可厌；读书之味，愈久愈深"。

指导老师：张改凤

点评

执卷何以致远？作者发表了自己的观点：读书的重大意义，在于传承文化，在于立下志向，在于驱动进步，在于联动未来。与其他习作相比，本文的独特魅力就在于个性化的解读、进阶的思想。这些颇具深度与价值的内容更是融进诗意的语言，在名人的道理之言、在背景的联系列举、在观念的反复解剖之中，彼此"文意交融"而统一着。文章令人反复回味，思考良久，堪为佳作。

书香里的运河

徐子婉
淮安市实验小学五（4）班

阅读，有着巨大的生命力，它的价值在漫漫历史长河中不断生长。我们通过它阅读过去，也通过它再读当下。

——题记

沉浸在铅字墨香中读书，悠闲地听书，通过视频"看"书，去博物馆通过展览"赏"书，实地行走"游"书。阅读，已经成为我生活中不可或缺的一部分。

读《故宫里的大怪兽》，我带着憧憬和向往去故宫一探究竟。读《古典江南园林》，我产生了对江南水乡——苏州的无限遐想，去到苏州聆听了独属江南水乡的吴侬软语，见识了古代能工巧匠建园的高超技艺，领略了太湖石的"瘦、透、漏、皱"，感受了园主的人文情怀。读《大运河的故事》，进一步了解运河的想法被激发了。清明假期我去扬州参观了中国大运河博物馆，五一假期我去洛阳参观了隋唐大运河博物馆……这让我对中国运河的形成、发展有了基本认知。妈妈特意为我购买的其他几本关于运河的书，更是让我对古代运河和现代运河有了更深刻的了解。

运河是一条浩如烟海的历史之河，是一条漫漫悠长的文化之河，是一条步步皆景的历史文化长廊。

两千多年来，她在淮安大地上日夜奔流，从未停歇，源源不断地提供

甘甜的乳汁，哺育了一代又一代淮安人；灌溉了千万良田，为南北交通提供舟楫之便，成为历史上重要的交通枢纽。

运河，是淮安悠悠历史的见证者、记录者。从春秋末期至今，她见证了人们从蒙昧到文明，见证了以前的烽火连天和今天的和平安定，见证了无数朝代的盛兴衰败与更迭，也见证了无数历史文化的湮没和诞生。众多历史在这里发生，众多历史伟人和英雄豪杰在此诞生，使得这幅历史画卷浓墨重彩。

作为历史的见证者，她见证并记录了这一切，既有古闸古碑、古塔古寺、古镇古街、古树古木、名人祠庙，又有民间工艺、美食文化。明清时期，由于漕运和盐运的兴起，淮安成为名副其实的"运河之都"。

书中的文字如同半展的画轴，运河两岸当年的盛景徐徐铺开。那时候的运河两岸每天漕船如织，迎来送往来自天南地北的人们和琳琅满目的货物。两岸沿街有无数店铺、各色茶楼和休憩亭台，人们有的坐在茶楼里谈笑风生，有的卖力地搬运货物，有的吆喝叫卖，还有来自北方络绎不绝的运货马队，戴着官帽、骑着高马沿河巡视的官员……沿河两岸张袂成荫，人声鼎沸，喧闹无比。

现在的运河不复当年盛景，河面上不再有迎来送往的船只，取而代之的是沿河观光的游船画舫。如今的她成了一条步步皆景的历史文化长廊，散发着静谧的文化气息。运河两岸栽种着各种树木，春览杨柳依依，夏观荷花盛开，秋赏火红枫叶，冬看白雪飞舞；还有供市民健身的步道和骑行车道。湛蓝天空，轻风拂叶，河面泛着点点涟漪，一切都在鸟儿的歌声中苏醒；爸爸妈妈们晚间下班后，会带着孩子在运河边散步、骑行。河面凉风阵阵，虫鸣蛙叫，惬意得很，一切都是如此温馨幸福。沿岸的古碑、古亭、历史雕像仿佛诉说着百年前的故事，就像一位历经岁月沧桑已然迟暮的美人，留下岁月的痕迹，让人们回味她旧日的绰约风姿。这样的运河，怎能让人不爱？！

阅读，让我了解了运河，懂得了运河，爱上了运河。

运河，她是一本尚未完全打开的书，等待着我们去翻阅。

指导老师：朱从浩

点评

小作者在《大运河的故事》这本书中，看到了无数朝代的盛兴衰败，见证了无数历史文化的湮没和诞生，观望着历史伟人和英雄豪杰跌宕起伏的人生。作为生长在运河边的孩子，小作者不仅深深感受到了百年运河的古代美与现代美，更是深深地爱上了大运河。最难能可贵的是，小作者将这份热爱融入富有诗意与深意的语言文字中，折射出更高远的情怀与精神，这正是大运河最迷人的魅力。

做新时代的"花木兰"

王思语

南京市力学小学四（6）班

读一本好书，就像和许多高尚的人谈话。成长的路上，我读过许多书，有一本书，总是牵动着我的心，让我一读再读，而且每每读来都有不一样的感触，这本书就是《花木兰》。

听妈妈说，我第一次接触花木兰的故事是在两三岁时。那时，妈妈给我买了许多绘本。在众多的故事中，我最感兴趣的就是《花木兰》。小小的我，天真地认定花木兰就是这世上最聪明、最勇敢的女孩儿，因为她能想到女扮男装入军营，"同行十二年，不知木兰是女郎"。多么聪慧的花木兰啊！我想，那时的我一定是读懂了木兰的慧心。于是，我告诉妈妈，我也要像木兰一样。从此，要学知识的信念在我心中越来越清晰，越来越坚定。每当我想偷懒时，只要想起木兰的聪慧，想起我要像她一样，便不敢懈怠。这就是对我成长最好的鞭策吧！

后来，我认的字越来越多，自主读完了整本书，终于了解了花木兰全部的故事。"阿爷无大儿，木兰无长兄"，谁能代替父亲从军呢？木兰思前想后，最后毅然决定，"愿为市鞍马，从此替爷征"。当木兰得胜归来，皇帝大行封赏，她却选择荣归故里，膝前尽孝。多么孝顺的木兰啊！这个时候，我才开始真正认识她。我想，那时我读懂的是木兰的孝心。孝顺父母是中华民族的传统美德，花木兰的孝心也在我心里生根发芽。于是，我慢慢由原来的乖张、调皮，变得懂得父母亲的辛苦，懂得自己作为家庭一员的责任。尽管现在我能为父母做的并不多，但我已经开始身体力行了，给他们递上一杯水、送上一双拖鞋、揉揉肩膀捶捶背……每当我帮着擦擦桌子、收拾收拾衣物，每当我认真完成作业、取得优异成绩，我都能看到父母赞许的目光、欣慰的笑容。这就是对我成长最好的奖励吧！

如今，我是五年级小学生了。再读《花木兰》这本书，从她英姿飒爽的身影里，我感受到了木兰精神的伟大。木兰虽是女儿身，但巾帼不让须眉，怀着天下兴亡、匹夫有责的忠诚，与众将士一起驰骋疆场、奋勇杀敌、保家卫国。"将军百战死，壮士十年归"，多么忠勇的木兰啊！我想，现在我读懂的是木兰的忠心。习近平总书记说："在家尽孝、为国尽忠是中华民族的优良传统。"回望历史长河，岳飞、戚继光、郑成功等无数民族英雄为国家抛头颅，洒热血，永远被人民所铭记；今天边防一线，同样有无数戍边英雄怀着"清澈的爱、只为中国"的誓言，像祖国巍峨的界碑永远耸立在人们心中！在革命先烈精神的感召下，我不断努力，不断成长，光荣加入少先队，成了班级的旗手，积极参加"雏鹰争章""红领巾社团"，争做学校"'五爱'美德少年"，收获了喜悦，也点亮了属于自己的光芒！这就是对我成长最好的见证吧！

花木兰的故事虽然距今一千多年了，但她带给我们的感动历久弥新，带给我们的力量经久不息。在我们身边，依然活跃着无数个这样的"花木兰"：有直面病毒、护航生命的"人民英雄"陈薇，有"共和国勋章"获得者、践行科学家精神的楷模屠呦呦，有顽强拼搏、为国争光的中国女排姑娘们……她们或在生死一线间救死扶伤、或在边防海岛巡逻查滩、或在危难面前逆行出征、或在科研前沿奋力攻关……她们都是我学习的榜样。于是，一本书，也就成了我成长的精神动力，我会将它一直珍藏在书橱里，铭刻在心间。

让我们叫响"请党放心、强国有我"的誓言，努力学习，奋发向上，

争做新时代的"花木兰",奋力跑好民族复兴征程中我们手中这一棒!

指导老师:秦祥涛

点评

　　成长过程中在不同阶段读《花木兰》,有着不同的收获:慧心、孝心、忠心。作者读懂了花木兰,也读懂了自己的内心。她巧妙地用花木兰的三"心",串联起自己的读书经历和成长轨迹,这三"心",代表着木兰的成长,而在读的过程中小作者也褪去稚嫩,变得懂事,从一个小小的孩童成长为一个有家国情怀的新时代少年。这三"心"中,有她对自己的激励,有她对父母的理解,有她对他人的共情。读完她的文章,我们读到了木兰的三"心",也读出了她的三"心"。

坚持与热爱的种子

——读《熊猫小四》有感

邵明灿

南京市中华中学附属小学五（1）班

我的妈妈是个十足的"熊猫控"。"花花，果赖……"这是成都基地的熊猫饲养员谭爷爷在呼唤"颜值天花板"花花；"阳光开朗大男孩……"伴随着熟悉的背景音乐，"西直门三太子"萌兰霸气登场……妈妈每晚都沉醉在国宝熊猫的视频中，无法自拔。

一天，妈妈神秘地递给我一本书，封面上一只可爱的大熊猫抱着一个小男孩，小男孩捧着熊猫的脸庞，一人一熊猫正在深情对视。一种温柔漾出画面，一股温暖涌上心头，我爱不释手，迫不及待地翻阅起来。

这本书叫《熊猫小四》，讲述的是秦岭三庙村的少年汪汪与一只熊猫幼崽"小四"的故事。在秦岭深山里，生活着许多野生大熊猫。一次偶然的机会，汪汪解救了一只熊猫幼崽，并给它取名"小四"。在村民们的照顾和孩子们的陪伴下，小四健康快乐地成长着。它喝糊糊、穿马甲，和花猫追逐嬉戏，与黄狗称兄道弟……直到"猫调队"知道了这件事，不得不把小四安全地送到野生动物救助中心。"猫调队"里的大学生周阳为了这片山林，为了保护野生大熊猫，为了自己热爱的工作，一直扎根于此，奉献着自己的青春。他工作之外还对汪汪关爱有加，是汪汪的启蒙老师。

就在出发的前夜，小四破窗而逃，回到了大自然的怀抱。小四逃走后，小周叔叔和汪汪非常担心，一起去寻找。故事的最后，汪汪找到了小

四，正是这本书封面上那个最美好的画面。然而，小周叔叔却在寻找的途中永远地离开了……他被安葬在三庙村里，墓碑上写着：看见你，我们更加热爱这片山林。送别小周的时候，汪汪下定决心以后要像小周叔叔一样，上北京的大学，研究大熊猫。

小周叔叔为了山林与熊猫献出了自己年轻的生命，汪汪决定继续小周老师平凡而伟大的事业。这个故事在我的心里埋下了一颗叫作热爱与坚持的种子，让我对像他们一样的"熊猫人"肃然起敬。一代又一代的"熊猫人"吃苦耐劳、默默坚守，一路披荆斩棘，奉献着智慧、青春、汗水和热血，用行动诠释着"忠诚、担当、奉献"的精神，为实现伟大"中国梦"谱写着壮丽的篇章。

每当我在学习上遇到困难，想放弃的时候；每当我心浮气躁，静不下心的时候；每当我困惑踌躇，犹豫不决的时候，我都会拿起这本书阅读，找寻坚持与热爱的真谛，点亮未完待续的梦想，努力让心中的种子长成参天大树。

指导老师：陆　健

点评

一本书，一个温情的故事，小作者读懂了故事中小周叔叔和汪汪的热爱与坚持，并从中获得力量，激励自己带着热爱与坚持勇往直前。文章中，字里行间透露着细腻的情感。从他第一次见到书的封面，再到他对书中故事的描述，娓娓道来，有感动、有惊喜、有遗憾，也有一份坚定。读来不禁令人代入故事，也走进小作者的内心，感动之余，有种立马读一读这本书的冲动。这是这本书的魅力，也是小作者文字的魅力。热爱与坚持，从《熊猫小四》传递到了小作者心中，又通过小作者传递给了我们。

我在书中拾级而上[1]

张珈宁
泰州市实验小学五（2）班

儿时的我认为"书"是哥哥爱不释手的宝物。哥哥陶醉着，我盼望着，魂儿都快被勾去了。哥哥偶尔兴起，给我讲些书中的故事，可常常没等到结局，哥哥就读完换了一本新书。终于等个子长高了一点，我开始自己踮着脚找有图画的书看。《神笔马良》《猜猜我有多爱你》，成了我当时的最爱。

再后来，对看文字书的强烈愿望促使我迫不及待想多认些字，不甘只看有画儿的书了。遇到看不懂的地方，就缠着妈妈给我讲。我经常把自己想象成公主、小红帽，或者是有着长头发的"芮苣"姑娘……童话书满足了我对美妙世界的全部幻想，让我沉浸在自己的国度里，绽放天真烂漫的思绪火花。

上小学后，我又一头扎进小说的海洋。气势磅礴的《三国演义》，一路艰险的《西游记》，浩然正气的《红岩》，曲折离奇的《巴黎圣母院》……小说该是最好看的了吧！我痴迷着、笃信着。

"除了小说，你也可以看看别人真实的励志故事啊。"语文老师建议我。事实上我对励志类的图书不怎么感兴趣，认为无非就是阐述道理的。直到有一天，我读到了《相信》这本书，它改变了我原先的想法。

---

[1] 本文原标题为"我在书中拾阶而上"，选入作品集有改动。

"相信，在面对绝不可能时，纵使不敌，也绝不屈服。"这是我从书中摘抄的句子。读完这本书，我感受到从未有过的畅快。困难、痛苦算什么呢？生活最重要的是拥有信念和希望。我发现我的阅读思维被打开了，仿佛站在一个新的认知高度上。新的读书之旅就这样开始了——去看《你是最好的自己》，相信自己，不惧未来；去看《愿有人陪你颠沛流离》，答应的事尽力去做，答应要去的地方尽力抵达……

我如今也拥有了专属于自己的小书架，那里有诗歌、童话、小说，有历史、地理、天文甚至还有哲学类图书，琳琅满目，比哥哥的书架还丰富！每每做完作业，我总是抬头看看书架，随心取下一本书便忘了时间。虽然我长高了，但是我仍然喜欢像童年那样踮起脚——在我看来，这是在阅读世界不断攀登向上的象征。

"书籍是人类进步的阶梯"，不错的，它也是我成长的台阶。我不停地向上，向上，美好的世界在我面前徐徐展开。

指导老师：陈红芳

点评

小作者的这篇文章让我们直观感受到"书籍是人类进步的阶梯"的真正内涵。从儿时在哥哥的熏陶下对书的期盼到后来终于能够自主阅读后一步步更迭书目和种类，一本本书搭起了阅读之阶、进步之阶、成长之阶，让小作者一步步向上攀登着，探索着、发掘着一个个美好的世界。这既是一份记录，也是一份邀约，阅读的世界也等待着你的加入。

阅读如镜

蔡泓吟

南京师范大学附属中学新城小学四（2）班

眼睛，是一面微小的镜子，能映入万千文字。书籍，是一扇狭窄的窗口，能容下缤纷世界。

阅读像一面哈哈镜，会赋予悲惨世界快乐的全新面貌，赋予平庸生活别样的诙谐解读，令我莞尔一笑，进而沉迷其中。牙牙学语的我跟着猫和老鼠嬉笑打闹，懵懵懂懂的我跟着孙悟空上天入地，"坐井观天"的我跟着格列佛在大人国和小人国流连忘返，深爱科学的我跟大刘一起与三体人斗智斗勇。

阅读又像一个放大镜，会使理智、完美无缺的清晰思路大放异彩，让事实无可辩驳的无边世界散发光芒。我曾在《身体的奥秘》中感受生命之美，便对身体更加爱惜；在《星星离我们有多远》中了解宇宙之美，便对宇宙更加向往；在《从一到无穷大》中体会数字之美，便对数学更加喜爱；在《几何原本》中领略逻辑之美，便对真理深信不疑。

阅读还像一块三棱镜，阳光穿透后折射出七色光芒，仿佛百味人生。《老人与海》中老人有着令我难以置信的穷困却坚毅，《白光》中陈士成受到令我难以想象的轻视和怠慢，《假如给我三天光明》中海伦·凯勒拥有令我无比钦佩的坚强与不屈，还有《佐贺的超级阿嬷》中阿嬷具有令我不可思议的乐观且开朗，这些共同组成了一幅五彩斑斓的生活画卷，在我眼前徐徐展开。

阅读更像一副望远镜，回望古时，审视今生，展望明朝，给予我前行的动力。苏轼有云"腹有诗书气自华"，李白呐喊"长风破浪会有时，直挂云帆济沧海"，杜甫感慨"安得广厦千万间，大庇天下寒士俱欢颜"……阅读不是为了颜如玉和黄金屋，而是为了遇见更好的自己，创造美好的国度。

在我脑海中，书籍留下的深刻记忆里蕴含着喜悦与忧伤，从这些故事中也流淌出了永恒新生。我在阅读的哈哈镜中获得快乐，在放大镜中研读理性，在三棱镜中体验人生，更在望远镜中横跨千年历史，品味人生百态。人生中总有一本书，如雷鸣，如灯引，如镜照。

指导老师：邵宇辰

点评

小作者在阅读中感受快乐，学会成长。本文从四个角度，阐述了书籍对于小作者成长的帮助，以四种镜子类比，逻辑严谨而又不失趣味。更值一提的是，四个层次有推进，有提升，从关注自身乐趣，到关注自我成长，再进一步到关注历史变迁，创造精神价值，可见小作者真正地做到了以书为友、以书为师。文中提到了众多的书籍与书中人物，很容易让读者在阅读过程中获得共鸣，联想到自己的阅读经历。

追梦少年，逐梦北斗

卞鹏然

张家港市白鹿小学五（6）班

合上叶梅老师的作品《北斗牵着我的手》，我被深深震撼，久久不能走出少年牛大冬的梦想世界。牛大冬是个跟我们一样的顽皮少年，有时还急躁、懒惰、缺乏毅力，但同时也是个爱思考、有梦想，为了梦想不断奋进的新时代好少年。

从小受外公影响，牛大冬对航天知识有着异常的热情，他一直关注着"北斗卫星导航系统"的相关信息，看着一颗颗卫星发射成功，坚定了自己要在卫星上建雷达站的宏伟志愿。在平时的生活和学习中，科技对现实生活的影响，也给牛大冬打开了探索的大门，自己钻研的成就感更是为他插上了梦想的翅膀。尤其是在同学佟星的爸爸的带领下，他有机会了解到很多关于卫星发射的故事，这加深了他对航天事业的渴望，也促进了他对"北斗"的深入了解。

"北斗"不仅是一个实实在在的卫星导航系统，它还是牛大冬迷路时的方向指引，是普及科学知识、播撒科技种子的老师，是前赴后继坚持在航天事业一线的科学家，是继往开来探索太空的航天员，更是科研人员不畏艰难、无私奉献的"北斗精神"。

梦想和现实还是有很大差距的，牛大冬在追逐梦想的过程中，并不是一帆风顺的，也遇到了很多烦恼和困惑，好在家人、朋友和教练永远是他坚实的后盾。"北斗"更是在他的成长中起了至关重要的作用，在"北斗"

的照耀和牵引下，牛大冬战胜重重困难，脚踏实地，不断地突破自我，最终追寻到了属于自己的"北斗"。我也看到这群以牛大冬为首的新时代少年们，慢慢克服了自己粗心、懒惰、缺乏毅力等缺点，向着科学梦想之光不断前行，超越自我，一步步成长。

我国卫星发射技术已经跃居世界的前列，截至目前（2023年5月17日）在西昌卫星发射中心用长征三号乙运载火箭，已经成功发射了五十六颗北斗导航卫星；2023年七月份，我国酒泉卫星发射中心发射了首枚液氧甲烷火箭"朱雀二号"。不管是数量还是成本控制上的进步，都标志着我们国家在航天事业上的突破。这些都离不开每一个航天人的坚守和奉献，作为新时代的少年，我为之骄傲！

叶梅老师不仅仅描写了一群新时代少年，同时也向我们科普了中国航天事业伟大的发展历程，更是呈现了"北斗精神"对于中国少年成长的激励作用。正如习近平总书记说的"星空浩瀚无比，探索永无止境，只有不断创新，中华民族才能更好走向未来"，这句话将一直照耀我们前行！

指导老师：吴海芳

点评

小作者从《北斗牵着我的手》这本书中认识了牛大冬，一个顽皮、爱思考、有梦想的时代少年。牛大冬仿佛就是小作者身边的某一个同学，阅读这本书，小作者与牛大冬一起解锁"北斗"奥秘、战胜困难、突破自我，小作者与牛大冬共同成长起来，也找到了前行的方向、民族的未来。足可见，这本书深深影响着小作者，真正实现了书本照进现实。

书，见证我们的友谊

吴佳岩

江阴市澄江中心小学四（2）班

我从小就有一个好玩伴——杨寻然。从幼儿园到现在，我们非常幸运，一直是同班同学。我俩志趣相投，尤爱看书！我俩经常约着一起去新华书店，一坐就是半天。

小时候，我们一起在书店的绘本馆翻阅《我有友情要出租》，就觉得故事里的大猩猩好可怜啊！孤独寂寞的它用"出租"的方式把自己租给了小女孩咪咪。可后来咪咪搬走了，大猩猩开始了免费出租。读着这本书，我感受着旁边杨寻然的气息，有这么一个好哥们是多么幸福！正如普希金所说："不论是多情的诗句、漂亮的文章，还是闲暇的欢乐，什么都不能代替无比亲密的友谊！"

渐渐地，相处时间长了，我发现杨寻然有许多我不喜欢的举动。下课了，他在走廊上当"闪电侠"，玩跨步，练滑铲，甚至像风一般奔跑追逐。我实在看不下去，总劝他："小心些！"可他左耳朵进，右耳朵出，就是不听。有时，看着他近乎疯狂的举动，都想跟他绝交了。直到有一天，翻到《小羊和蝴蝶》，我突然若有所悟：朋友之间是要相互尊重和包容的，因为每个人都有独立的个性，每个人都不可能完美无瑕。我们的相处应当给彼此留一些空间，让每个人快乐地做自己。

现在，我们都长大了，越来越有自己的主见了。我和杨寻然也常常为一件小事争得面红耳赤，恨不得把天都给砸了。记得参加江阴市男子乙

组篮球联赛冠军争夺赛,杨寻然发球,这时刚好周围没人防我。我使劲击掌,示意他把球传给我。结果他却传给了吴悠,下一秒就被对方抢断投篮了。下场后,我劈头责备:"你没看见我是空位啊!"杨寻然也不干了,说:"你躲那么偏僻的角落,谁看得见啊?""那你也得找找我呀!我是主力,你不传给主力的吗?"……那天,我俩都气鼓鼓的。回家后,妈妈帮我从图书馆借了几本书,一本《敌人派》吸引了我。是呀,朋友间相处难免会因为彼此意见不合而不开心。可每个人都有缺点和优点,我应该多看到对方的优点,那么看到的一切都是那么美好,正如香喷喷的"敌人派"!看到这,我主动找到杨寻然,和他握手言和了。

书,让我明白了美好的友谊应该好好爱护,好好珍惜,好好守住!

指导老师:王 晖

点评

本文独特之处在于语言的朴素真挚,并未用华丽的辞藻堆积,却让人感受到情感的美好,这是美文最动人的地方。本文以小作者和朋友的相处为线索,详细展示了相处过程中的三个小场景,充满波折,却又在波折后更为美好。而这一切都离不开书籍的帮助,正可谓,得一良书,如一良师。书籍带给人的不仅仅是知识,更有与人相处的小妙招。相信小读者们能从本文获得一些启发,与朋友相处也会更自如一些。

我的读书成长史

李嘉图

盐城市力行小学三（2）班

莎士比亚曾经说过："书籍是全人类的营养品。"我要说："书籍是促进人类生长的水。"在书籍的滋润下，我茁壮成长。让我讲几个成长路上的读书故事吧！

种下树苗

我小时候不爱看书，但是听到妈妈讲的《意林》中的故事时，我发现里面的内容十分有趣。听着，听着，我仿佛入了迷，"在天黑前的寒意中，在苍茫的草丛中，溪水还闪耀着一些残余的反光。很快，乌云聚集在山地里，预示着这个夜晚不会有星光和月亮。"多么奇特的夜晚，这些文字让我仿佛身临其境。妈妈讲了一个小时，我似乎总觉得听不够……

生根发芽

5岁那年，我看见了一本书——《孙子兵法》，这是中国古代军事文化类的书。内容看似无趣，我硬着头皮一知半解地读了下去，却越看越觉得有意思。虽然"渡、借、魏、赵"等字的读音我不知道，却记住了"知己知彼，百战不殆"这类至理名言。难怪有人曾说："孙武的思想有惊人之处——把一些词句稍加变换，他的箴言就像是昨天刚写出来的。"

新苗茁壮

一年级了，我不知不觉中迷恋上了一位叔叔送给我的四大名著连环画。在《西游记》《三国演义》《红楼梦》《水浒传》中，我尤其喜爱《三国

演义》。书中的曹操能文能武，更是让我敬佩不已。除此之外，赵云的胆量、刘备的仁德、诸葛亮的聪明机智，更让人心生敬意。《水浒传》里面的宋江是最令我钦佩的，他一直想为宋朝皇帝效劳，即使面对那样艰难的处境，还是一心记挂国家，实在难能可贵。一身武艺的武松也是英雄豪杰，对哥哥有恩必报，对西门庆有仇必报，是个敢爱敢恨的好男儿。而《西游记》里面孙大圣的勇气、猪八戒的懒、沙僧的勤劳、唐僧的仁慈，也给我留下了深刻的印象。

现在，我阅读的书本范围越来越广了。最近我迷上了《中华上下五千年》，得知了丝绸之路的开发，知晓了古代的四大文明是造纸术、印刷术、火药、指南针，探究起清王朝腐败统治导致的悲剧，更震惊于著名的南昌起义，慨叹着孙中山的革命……

书是一位老师，教我怎样做人；书是一把钥匙，为我打开了智慧之门；书是一艘小船，载着我在知识的海洋里中遨游。我爱读书！

指导老师：王开玲

点评

能够理性划分自我的读书成长历程，并能细致剖析各个阶段的独到记忆与心得体会，融入细腻的情绪情感，是一件极有意义的事情。小作者竟能运用高度的认知与精心的串联，让这篇习作在层次之中显现真意，也让阅读文字的我们跟随着文章的进程渐行渐远，不知不觉在思想上与主题、内容不谋而合。

最是书香能致远

刘正卿

南京市游府西街小学五（5）班

读了著名数学家苏步青爷爷写的《神奇的符号》一书，心中始终萦绕着苏爷爷的话："为学应须毕生力，攀高贵在少年时。"是啊，学习上没有终南之捷径，科学上没有平坦之大道。只有那些不畏劳苦，沿着陡峭山路攀登的人，才有希望达到光辉的顶点。

书山有路勤为径，学海无涯苦作舟。苏爷爷是中国科学院院士，著名的数学家、教育家，中国微分几何学派创始人，被誉为"东方国度上灿烂的数学明星""东方第一几何学家"。而这位著名的"数学之王"小时候却很贪玩，成绩常常是全班倒数第一，还被罚"立壁角"。可就是这样一位"差生"，在恩师陈玉峰的潜心教导和父母的倾心感召下，走上了"逆袭"之路，最终成为我国数学界的一颗璀璨明珠。

"丹心未泯创新愿，白发犹残求是辉。"这是苏爷爷在即将90岁高龄时作的诗句。两句七言诗，展现了苏爷爷矢志报国、为民服务的伟大精神境界。在苏爷爷的人生征途中，经历过多次抉择：国外的博士学位，抗日战争的爆发，新中国成立前夕的未知……面对这一个个考验，苏爷爷用行动诠释了什么叫"家国情怀"。他心中始终装着祖国，装着人民，装着党领导下的人民教育事业。

同学们，我们应该牢记苏爷爷的殷切期望，以志存高远的豪情赓续红色基因，以坚韧不拔的意志奋发学习，以无私无畏的勇气战胜前进道路上

的艰难险阻，全面提高自己的综合素质与能力，做有本领、有担当的新时代逐梦人。

指导老师：李 莉

点评

阅读是与伟人对话，与智者同行。从一本书认识一位学者，感悟一种精神，汲取一份力量，实数难能可贵！小作者虽然才五年级，却能在读完这本书后谨记努力学习的重要性，以赓续红色基因为己任，这是榜样的力量，更是阅读的力量。倘若每位小读者都能在阅读中心系自己和国家的未来，彼时放眼神州大地定是书香氛围愈发浓厚，精神之花繁茂芬芳。

二等奖

读一页书，寻一片光

胡芮菲

南通大学附属实验小学五（9）班

晚风吹来迷惘，少年借微光成长，书的微光，日月悠长。林林总总的书籍，我读过许多，虽说书中所写离我较为遥远，但它们深刻地塑造了我人生的基点。

自小，我更像是个好动的孩子，不愿静下心来在写字台前读书，倒是更愿缠着奶奶陪我玩耍。家中书柜里总是摆着许多书，但也从未留下我的记忆，只是杂乱无章地摆放着。那本《红楼梦》更是深沉厚重，翻开后映入眼帘的尽是密密麻麻的小字，没有图画陪衬，新崭崭的。细细嚼了两三口，却如嚼白水一般，平淡无味。儿时懵懂好动的我哪里坐得住，打开翻阅几页就将其束之高阁，弃之不理了。

奶奶却不同我一般。静谧的书房里，总能看见她坐在窗边，借着阳光，神色平静地看着书。那舒展的眉头、那坚定的眼神、那对知识极度渴望的样子，让她整个人似乎都在闪闪发光！或许是我的目光过于炽热，细心的奶奶好似看出了我读书的难处。她端来一杯茶，坐在我身边的凳子旁，微微颤抖的手握起茶杯缓缓说道："菲菲，你品品这茶呢。"我虽不知所云，却想尝尝只有大人才爱的茶水。小抿一口，满嘴苦涩，却又散发出微微甘甜，回味无穷。奶奶见状不禁笑了："读书就像品茶，只有吃得茶叶苦，才能品得茶中甜，只要爱上了茶，就对它念念不忘了。"

那晚我彻夜难眠，躺在床上辗转反侧，嘴里喃喃着奶奶的教诲，从此

立下好好读书的决心。

"满纸荒唐言，一把辛酸泪，都云作者痴，谁解其中味。"重新捧起《红楼梦》的我，一改先前走马观花似的翻阅，遇到读不懂的地方就拉着奶奶求讲解，当我看到最后几回，园子里的姊妹们嫁的嫁，走的走，死的死，人越来越少，热闹喧哗越来越少，由富贵热闹转凄清寂寞，呼啦啦似大厦将倾之态尽显，虽不是其中之人，但也稍能感同身受，越发有了像宝玉一样的忧思伤感，不由得生出悲凉之感。但转念一想，谁的人生不会经历这些呢？千里搭长棚，无不散的筵席，借这本书早早地体会一番，真到那时候或许也能聊以自慰。

褪去了心浮气躁，我好似发现了读书的乐趣，也渐渐能感受到"枕上读书闲处好，前门风景雨来佳"的生活诗意，于是我学着奶奶的样子倚窗而坐，沏一壶清茶，在氤氲书香中，细品古人的情怀。有李清照"帘卷西风，人比黄花瘦"的孤独寂寞；有辛弃疾"八百里分麾下炙，五十弦翻塞外声"的豪迈壮阔；有陆游"夜阑卧听风吹雨，铁马冰河入梦来"报效祖国的衷心与热忱；还有陶潜"结庐在人境，而无车马喧"的超然与淡泊。

页面纷飞，指尖翩跹。在坚持读书的过程中，我越发感受到阅读带来的震撼与影响，它可以让我在看到落日余晖的时候，脑海中浮现的是"落霞与孤鹜齐飞，秋水共长天一色"，而不是"哇！这夕阳真好看！"；在看到漫天飞舞的雪花时，能脱口而出"忽如一夜春风来，千树万树梨花开"，而不只是惊呼"哎哟，这雪可真大"。指尖轻轻翻动处，我便能纵览千山万水，阅遍人间景致。四时流转，地域变迁，都在一页一页间换了容颜。

山河平静辽阔，岁月书香氤氲。我很庆幸儿时在奶奶的引领下爱上了阅读，爱上了它能带给我前所未有的愉悦和满足感，它就像是一束能穿透风雪的光，驱散黑暗，走向黎明。

指导老师：袁　航

点评

"读一页书，寻一片光"，小作者的文笔自然流畅。奶奶的循循善诱，为小作者打开了读书的万花筒。全文"读"与"感"联系紧密，更是一段读书之旅的呈现。在书中，小作者褪去了心浮气躁，发现了读书的乐趣，也渐渐感受到"枕上读书闲处好，前门风景雨来佳"的生活诗意。不知不觉间，小作者的思想和境界也在稳步提升，这就是书的魅力所在。

一本书打开一扇窗

刘科含

泰州市靖江外国语学校六（2）班

夜，漆黑；虫，畅鸣；光，微弱；脚步，轻轻。

突然，一道细小的黑影窜过，手电的光亮立即罩上，我认出来了，这是一只黑布甲！黑布甲是杂食性动物，并且跑起来很快，经常如一道疾风冲过地面。这只黑布甲好似被突如其来的灯光吓坏了，趴在那儿一动不动。我满眼惊喜，伸出手去轻轻捏住，托于掌心，这一身乌黑发亮的盔甲，竟是如此精致！我抚摸着、观看着，如同在欣赏一件艺术品。

是的，艺术品，这些昆虫都是我眼中的艺术品。这在半年前，于我，几乎是不可想象的。那时的我，看到一只苍蝇都会尖叫着逃离，什么蟋蟀、蚂蚁、蜈蚣……我打心眼里觉得它们都是不该存在的东西，那么奇形怪状，那么恶心吓人。造物主怎么会允许这样的东西和我并存于世呢？

直到我遇到那本法布尔的《昆虫记》。老师推荐这本书的时候，我很是不解。昆虫，不就是那些引起我强烈不适和反感的东西吗？怎么还会有人为它们著书立传？不过，秉承鲁迅先生的教导，读书必须如蜜蜂采蜜一样，采过许多花，这才能酿出蜜来。倘若叮在一处，所得就非常有限，枯燥了。虽然潜意识里还是有点抗拒，我依旧捧回了那本崭新的《昆虫记》。

油墨的清香扑鼻而来，带着我所熟悉的新书触觉，我打开了这本《昆虫记》：蟋蟀会给自己筑安稳舒适的巢，还会留有足够宽敞的平台；圣甲虫又叫金龟子，它们会自己制作食物：挑选材料、清除杂质、整理储存，还有让人叹为观止的运输方式；蝎子，平时沉默，开始"恋爱"却能唱歌跳舞，雄蝎竟然还能为爱情付出生命……法布尔用他细致到极致的笔触，为我呈现了一个奇妙的昆虫世界：在这个世界里，有爱恨情仇，也有悲欢离合，有传承争夺，也有相依相靠；在这个世界里，有高亢的欢歌，也有无声的繁衍，有一贯的勤勉，也有投机取巧。原来，蹲下身子，低下头来，丢掉人的本位，以平等的眼光看这些小生灵，它们的一生也足够丰富多彩，足够百转千回。

《昆虫记》就像为我打开了一扇窗，从这扇窗户看出去，一只昆虫就是一个世界，一个我原先从来不了解，甚至忽略的精彩世界。从那之后，我仿佛打通了任督二脉，对昆虫的态度来了个一百八十度大转弯，我甚至不再满足于书本中的记录，而是转战现实，那些可爱的精灵，我想亲眼去看看，亲手去摸摸，亲耳去听听。于是，河岸边、草丛里、泥塘中，成了我流连最多的地方。

"嘿，快来！这儿有一只蜘蛛！"远处小伙伴的声音急切地传了过来。定是又发现了什么，我撒开四"蹄"跑过去。天哪，一只硕大的蜘蛛正趴在一张大网中，悠然自得地等待着猎物上门。这是什么蛛？腿脚纤细修长，唯独腹部巨大无比，好似已经吸足了血液。我赶忙掏出手机拍照，拿出笔记本记录，俨然法布尔一般了。

是的，一本书打开一扇窗，两本书打开两扇窗……书，就是这样，为我们不断地打开不同的窗。透过这些各式各样的窗，我们得以知晓更多，喜爱更多，成长更多。

指导老师：陈海霞

点评

本文如同《昆虫记》一书，读来很是奇妙，一遍未尽兴，两遍觉妙趣，三遍叹文采。它似是有一种魔力，让每一位厌恶或是害怕昆虫的人产生想瞧瞧这些可爱小生物的想法，也能激发起没有看过《昆虫记》的人去阅读这本书的兴趣。小作者似乎不需要多言这本书有多么好看，光是让读者领略书本照进现实的无限意趣已然足够震撼。或许这本书打开的不只是一扇昆虫之窗，那文学之窗里也悄然洒下光芒。

"三味书屋"新解

肖依凡
江苏省启东市实验小学五（5）班

"布衣暖""菜根香""诗书滋味长"，古人对三味书屋的见解大都缘于经、史、诸子百家。而我以为，开卷，当以"香""甜""醇"入味。

享受读书之"香"

雨天，避开漫天雨幕，躲进学校的图书室。室外，是轰然倾泻的响；室内，是落针可听的静。广袤的灰色中，目光流经秦观的《江城子·清明天气醉游郎》，"桃花香。李花香。浅白深红，一一斗新妆。"我立于百花盛放之中，香气蜂拥，似雾在鼻尖萦绕，似山泉在心中流淌。

读书不正似花开吗？正如唐诗、宋词、元曲，正如那抑扬顿挫、平仄迤逦的文学境界，恰恰和作者同雀跃，共沉吟。书中的寒冷与潮湿，就是梅的灵魂；书中的高洁与清新，就是兰的蕙质。那香味是无可比拟的刻骨铭心！开卷，有香。

品味经典之"甜"

最喜徜徉在书屋的经典文学中，一章章、一回回地解读。《红楼梦》那隐晦绝妙的辞藻让我绞尽脑汁，《水浒传》那峰回路转的情节让我豁然开朗。更不必说《三国演义》的叱咤风云，《西游记》的浪漫离奇，还有那众多的明清小说、中外名著，读来当真口齿生香。

读书就像喝一杯珍珠奶茶。有刘姥姥进得大观园窃喜的甜；有孙行者识破妖魔救得师父放心的甜；更有梁山英雄报得大仇，三国英雄夺得胜利

的甜……那甜比刷"某音"、玩电游更沁人心脾！开卷，有甜。

回味诗书之"醇"

走出书屋，回味曾经的阅读，我突然发现头顶的星空，心中的道德法则，都有了一个明确的方向。文字的美，甘醇似酒，灌注赞叹、敬畏，引导着我，启发着我深刻思考学习和生命的意义。原来，在每一次阅读的细节中，都蕴藏着前人的感悟、后人的思量。读书之醇让精神世界弥足丰满。

走近书屋，陶冶心性；走出书屋，见证"三味"之美。所以，我把学校之书屋谓之——"三味书屋"。

指导老师：郁桂红

点评

文章从标题起便开启了新颖的抒发。文中的三种味道充满了新意与诗意，彰显出智慧与深度，很有见地地在文中交替错落而彼此结合。小作者凭借深刻的阅读记忆阐述着自我的书中情怀。其中的诗句引用、个例列举也同样适配主题，为个性化的阅读感受提供了充分的素材与厚重的观感。书之"三味"，既入情入味，又拨动心弦，留下满满的悠长韵味。

浸润书香

柏欣悦

盐城市经济技术开发区实验学校六（4）班

欧阳修说"立身以立学为先，立学以读书为本"。书是漆黑的夜里燃起的一束光，为我们照亮远方；书是茫茫大海中的指南针，为我们指明方向；书是一座装满宝藏的金库，取之不尽，用之不竭。

对我来讲，书是我的挚友，是我人生中很重要的一部分。它每时每刻都陪着我，教会我什么是仁、什么是善；它从不会抛弃我，总是在我难过时给我安慰，这就是书的奥秘。

书是人世间的缩影，读书的过程，好似在洞察着这个世界，文字写下的喜怒哀乐是那么的真实。《城南旧事》中的小英子天真可爱，面对别人眼中的"疯子"秀贞，始终没有用有色眼镜去看待她，多么纯真啊，我想这大概就是儿童的可爱吧。小英子的爸爸去世的时候，小英子多么难过痛苦啊！但她是家中的长姐，爸爸去世了，她该怎么办呢？她也不过是个小学生啊！人生就是这样，困难总是接连不断，变故也是时常发生的。我问自己：我害怕分别吗？如果我是小英子，我会崩溃吗？我冥思苦想，无果，应该与书中描写的感受相似吧。

书是人生的知己，我总是能在需要的时候找到有用的书。还记得老师让我们回去搜集一些英雄人物，我回家一眼就看见了刚买回来的《勋章》。我赶紧翻开看了看，印象最深的就是"中国氢弹之父"于敏先生，他为中国的氢弹事业奋力工作了几十载。"两弹一星"元勋钱三强先生说："于敏

填补了我国原子核理论的空白。"但于敏也并没有因为这些夸奖而骄傲，而是继续一心为国家服务，一藏就是二十八年，没有人知道他的辛苦，他保持着一颗初心，一如既往地谦逊低调。他说："一个人的名字，早晚是要没有的，能把自己微薄的力量融进强国的事业之中，便足以自慰了。"通过读书，我知道了无数英雄人物对国家的忠诚与奉献。我敬佩不已，身为少先队员的我，也应该多向于敏先生这样的英雄学习。

"有的人活着，他已经死了；有的人死了，他还活着。"第一次在书中读到这样的话，我倍受震撼。鲁迅是著名文学家、思想家、革命家，新文化运动的重要参与者，中国现代文学的奠基人之一。当时的中国十分衰败，鲁迅先生用文字唤醒中国人民守护国家的信念，带领学生们重燃国家生的希望。通过鲁迅的作品，我明白原来爱国的热情是这样的炽热，文字是这样的富含力量。鲁迅先生不朽的作品是留传给我们这一代人的无限宝藏。

《平凡的世界》是另一本让我印象很深的书，令我颇有感悟。有人问过我：它为什么叫平凡的世界，不叫伟大的世界呢？我想了想，觉得这本书里不仅仅有温暖、快乐，还有伤痛、寂寞。书的结局，田晓霞因为救人而死，孙少平寂寞一人……这个世界本来就是平凡的，太多事情是难以想象的，但它不伟大，也许"平凡"才是世界的代名词，不是吗？

"书中自有黄金屋，书中自有颜如玉。"书有无穷的魅力，等着我们去探索。读书好，好读书，读好书，让我们一起读书，前往书的海洋吧！

指导老师：吕丽娜

点评

小作者在一本本书中徜徉,与书中人物产生共情。她发现自己和《城南旧事》中的小英子一样害怕面对分别;《勋章》一书中的于敏告诉了她,要对国家忠诚奉献;《平凡的世界》里,她又探寻到平凡的真谛。一本本好书展现出了无穷的魅力,让小作者在结尾发出"读书好,好读书,读好书"的读书宣言。整个过程一气呵成,全文文脉贯通,实在了不起。

信仰，照亮生命之光
——读《红星照耀中国》有感

刘　畅

常州市武进区崔桥小学六（5）班

寂静的夜空中，一弯新月在云层的遮挡下时隐时现，群星像钻石一样闪闪发光。今晚正巧是"五星连珠"的日子。据说这是祥瑞之兆，更有"穿越古今"的美丽传说。我坐在璀璨星河之下，翻开《红星照耀中国》，准备跟随斯诺先生的脚步去深入了解红色中国。

当我读到"大渡河上的英雄"时，我心想：要是能目睹那悲壮的情景，亲口夸赞那些英勇无畏的红军战士该有多好啊！就在这时，深蓝的天幕中顿时裂开了一道口子，射出了一束耀眼的光芒。我本能地闭上眼睛，突然感觉自己在一个失重的空间里不断翻滚。没过多久，我就重重地落在了一片草丛里。

耳边，机关枪的"突突"声此起彼伏。我睁眼一看，天啊！只见高高的山狭间有一座铁链子悬桥，桥下水流湍急。桥的两头分别是两支军队，他们都拿着机关枪向对方扫射。枪林弹雨间，有几个单薄的身影在桥上艰难地匍匐前行，对面的军队用机枪扫射着，狙击手也在向他们射击。第一个战士中了弹，掉到了桥下的急流中，接着又有第二个、第三个……但是对方越来越靠近对岸。

我这才反应过来，我居然"穿越"了！而且还"穿越"到了大渡河战役的现场，而我就在不远处的树林里目睹这场关键性的、惊心动魄的战役！不一会儿，敌军乱七八糟地逃亡了，勇敢的红军战士终于来到了对岸，拿起机关枪朝着敌军射去。西岸的红军们快乐地叫喊起来："红军万岁！革命万岁！大渡河三十位英雄万岁！"他们快速地通过了大渡河，取得了这场战役的胜利。

我走进欢呼的人群里，拉住一位小战士问道："你还是个孩子啊，你不怕这枪林弹雨吗？不怕牺牲吗？不担心家里的父母吗？"小战士回答我："国家正在危难之中，个人的生死不值一提！为了国家和人民，我们愿意流血牺牲！"我被这浓厚的爱国热情感动了。我想这就是信仰，是革命的信仰，是共产主义的信仰，是救中国于水火之中的信仰。是信仰的力量让这些铁骨铮铮的战士克服了一个又一个困难；是信仰的力量让他们翻过雪山，越过草地；是信仰的力量让他们走完了两万五千里的长征；是信仰的力量托起了中国的未来！

这不禁让我想到《觉醒年代》中陈独秀先生等伟人怀着共同的信仰，苦苦寻找着救国的良药。当时，青年毛泽东跟随着"南陈北李"的脚步，坚决拥护共产主义。我多想与他们见一面，告诉他们：共产主义没有辜负中国，共产党领导下的中国够强大，够繁荣，是东方的雄狮！想着想着，一眨眼的工夫，我竟来到了毛主席与斯诺先生谈话的那个窑洞！

对于我的到来，他们俩显得十分惊讶，毕竟在他们眼里，我是个"不速之客"。我激动地介绍了自己后，眉飞色舞地描绘起了八十多年后的中国。听了我的介绍，毛主席异常兴奋，笑着对斯诺说："看来我们努力的方向是对的，我们没有白白付出青春和鲜血啊！"我们聊得热火朝天，不知不觉，天边已泛起了鱼肚白，我困得趴在桌上睡着了……

清晨，一缕晨光透过窗户的缝隙。我拉开窗帘，只见初升的太阳打破了夜的黑暗，带着朝霞，缓缓从东方升起，照亮了人间，照亮了我的心。

指导老师：俞秋枫

点评

这篇作文的创新之处在于人与书籍的沉浸式融合。在这样的叙事方式中，有惊险万分的对战情节，有舍生忘死的国家大义。不仅如此，其中的人物对话、战斗场面也安排得十分自然，让人在快节奏的带领之下能够身临其境，萌生敬意，甚至愿意跟随着拟真情境追踪书本而去。阅读书籍的最高境界，便是人与书的高度统一。这篇作文，便是极好的范例。

轻风暖阳送书香

金 果

淮安市外国语实验小学六（9）班

"酡红的日光透过玻璃窗，洒入安静的书房。布帘微动，夹杂着淡淡的草花香，是那春天轻柔的风穿过窗缝，挤进了书页间。"这是读书人独有的浪漫、惬意的情调。

书给了我们勇气。至今我依旧记得某本书中的一句话：只要满怀希望就会所向披靡。感动于这般乐观豁达的心境，仔细回味时，又是崇敬居多，感觉自己的心一下就变得充盈又不觉膨胀，像是醇厚的茶，又像是熔化了的金子。总之，这时的我心情舒畅得很、高兴得很。可能这就叫豁然开朗吧。我豁然开朗，更是从来没有像这样清楚过——在这个年纪，我不必小心翼翼，整个世界都是我的，我无坚不摧，也无所不能。

书给了我们智慧。还记得有一次和朋友闲聊，她突然说了一句："人类这个物种，脆弱得可悲可鄙，又坚强得可敬可佩。"我有些错愕，惊讶于她现在怎么成大哲学家了，刚刚那句话真可谓惊世骇俗。她笑笑："这当然不是我自己说的，是我昨天看的一本书里的一句，说实话，挺震撼的。"朋友很是专注地对我说，眼里似是盛了星辰大海，眸光温润又明亮。我微怔，不知是因为那句深刻的话，还是因为读了这句话的她。心想：读书真是好啊，真会使人变得更智慧，更美丽。

书给了我们方向。《钢铁是怎样炼成的》的这经典之句令我记忆深刻："人这一生应当这样度过：当回忆往事的时候，他不至于因为虚度年华而

痛悔，也不至于因为过去的碌碌无为而羞愧。"因为这句话，我从不轻浮，我人生的步履迈着的是坚定的脚步。每迈出一步，我总是在想着自己的脚印是否端正。人生中有好多的挫折，但挫折也是财富。我们不应虚度光阴，应以正确的心态面对磨难，面对人生，无畏挫折，绝不退缩。

书给了我们陪伴。我看过的书谈不上多，但也绝对不少。一直以来，是书香陪伴我成长，是书香萦绕在我身旁。我曾在日记里倾泻见闻感受，在摘记中分享品味书香。班级小报里，我也写过几篇随笔，于校刊上也交过作品。有时也会磨磨稿子，参加校内外征文竞赛。就这样读读书，练练笔，也是颇为愉快。不觉间，这六年写了不少文章，发表的略有几篇，手上竟也有几份获奖证书了。

书，是我的最爱，是诗和远方，是良师，是益友，是金砖铺满的路，是最清澈明亮的川流，是天边最璀璨的银河，更是我成长历程最好的见证。

玻璃窗边，夕阳渐没，缕缕书香在风中氤氲。说到底，我们就是在书中求真，追寻最真实、完美的自己。

指导老师：孙高峰

点评

全文虽只提及了《钢铁是怎样炼成的》中的一句经典，其他再无赘余的人物和情节，却能让每一位读者从行云流水般的精妙文笔中发觉小作者的阅读之多，体悟之深，心思之巧，收获之大。勇气、智慧、方向、陪伴是小作者从书中探取并总结出的瑰宝，事实上，感知世界浪漫的能力，酣畅表述内心的能力，追寻完美自我的能力……这些能力早已内化于心，外显于文。"腹有诗书气自华"，大抵就是这般模样。

总有那么一束光

李轶可

丹阳市埤城中心小学六（4）班

总有那么一束光，能让你在冰天雪地里，闻到春天鸟语花香的气息；总有那么一束光，能让你在浩瀚大海里，看到岸上若明若暗的灯塔；总有那么一束光，能让你为逆境所困时，听到内心坚定执着的呐喊声。我心中的这束光就是书籍。

回顾六年来我读过的那些书，每一本都让我受益匪浅：《汤姆·索亚历险记》让我懂得即使面对困境，也不能抛弃朋友；《十万个为什么》让我懂得看似微不足道的生物也有它存在的意义；《假如给我三天光明》让我懂得即使生活欺骗了你，也不要悲伤，不要气馁……

书海无涯，给予我取之不尽的智慧和坚定的信念，亦如手里的这本《老人与海》。书中圣地亚哥有一句至理名言："一个人可以被消灭，但永远不能被打败。"这句座右铭深深激励着我前行。一次作文竞赛，我竟然落选了。这对于向来以写作引以为傲的我来说无疑是晴天霹雳。落选的那一周，明媚的天空瞬间失去了色彩，花草树木凋零，眼中的世界一片荒芜。

一个人失落时，最喜欢独处。我把自己囚禁在一个孤岛，谁也进不来，就连最亲的爸爸妈妈也不行，我无法做到分享失落和沮丧。我关上了与世界交流的大门，唯独为书籍留了扇窗。从书架上取下它时，我不屑一顾地嘲笑了一番，一个老人和一片海有何看头？随意翻阅，却不想它如同

一块巨型磁铁深深吸住了我。我无法自拔,目不转睛地注视着每一个字词,每一句话……

窗外的灯光逐渐熄灭,只剩下坚守的路灯和手里这本书,陪我一起度过这温柔的夜晚。那一晚,我沉浸在老人的世界,一夜无眠。老人面对汪洋大海,凶猛的鲨鱼群,毫不畏惧,用生命护住胜利果实的勇气和永不放弃的精神犹如警钟长鸣,深深震撼了我。他,一个人漂泊在无边无际的大海,如此孤单落寞,多么像此刻的我。他无惧,奋力搏斗;而我呢,逃避,沮丧,缴械投降。想到此,我的心中似乎充满了力量,一次失败又如何?我尚且年少,还可以有无数的机会再来!所谓的成长,哪个不是蹚着水,踏着荆棘奋力前行?

我永远忘不掉那个美丽的夜晚,夜色温柔,月光如水。在寂静中我品尝到成长的滋味,如同山涧的泉水,如此甘甜。虽彻夜无眠,但身心并不疲惫。清晨,当第一缕阳光倾泻人间时,我感到了前所未有的温暖和力量,握笔的双手仿佛被施了魔法,在稿纸上沙沙作响……

指导老师:赵 琼

点评

文字在作者的笔下似乎有了魔力,每一处的表达都带给我们美的享受,细腻、真实,极具感染力。在倒数第二段与自己的交流中,整个世界似乎只剩下了小作者和她的书籍,它们在进行着无声的对话,书籍犹如一束光照亮她灰暗的心,照亮前行的路。她坦诚地将自己的内心交给书籍,从中找到每一个人生困惑的答案,获得心灵的慰藉。语言温柔而坚定,内心平静而充实,这就是书籍的力量。

遇见，看见

李煸辉

徐州市华润小学五（10）班

> 没有一艘船能像一本书，也没有一匹骏马能像一页跳跃的诗行，把人带往远方。
>
> ——题记

读书是高雅的事，但也应该和吃饭一样成为我们的日常。吃饭，让身体站立起来；读书，让灵魂站立起来。身体和灵魂都站立起来，才能以奔跑的姿态迎接人生的千姿百态。

犹太民族有一个关乎读书的古老仪式：小孩子刚刚懂事的时候，就在《圣经》上滴一滴蜂蜜，再让孩子去亲吻它。这种仪式告诉孩子，书本是甜的，知识是甜的，获取知识的过程也是甜的。一个亲吻过书本的孩子，从书中品出了绵长的"甜味"，才能自觉自愿地亲书、近书、敬书，才能成为书的天长地久的佳侣。

叶舒宪教授的《牛津乞丐也读书》一文，同样令我醍醐灌顶。文章写道：在牛津街头，有个乞丐，席地而坐，不顾初冬寒冷，专心捧读一本书。叶舒宪十分惊讶，好奇地问乞丐在看什么书。乞丐回答说，是法国作家凡尔纳的《八十天环游地球》。叶舒宪慨叹："温饱都还不能保证，却照样需要幻想中的'环游地球'。"有一些时光，非读书，不可以填满。身体需要"面包"来喂养，灵魂同样需要"面包"来喂养。

  我们在哪里耕耘，哪里就有诗和远方。在书的世界里，我们遇见过去，所以唐那么近，宋那么近。那些无法企及的鲜活的昨天，是山水诗人摩诘的莽莽黄沙和粲然的落日，是稼轩《青玉案》里"蓦然回首，那人却在灯火阑珊处"的寻觅，也是翁灵舒诗里"绿遍山原白满川，子规声里雨如烟"的杜鹃。与书相伴的每一分钟，也让我看见了那个努力的自己。那些时光是付出了很多努力但效果却不一定立竿见影的日子。这种看不见的成长，我愿意把它叫作扎根。唯有这样，才能慢慢地抵达充满希望的远方。

  "问渠那得清如许，为有源头活水来。"是的，如果没有书香滋润，我们的生命将是何等的乏味与孱弱！人的灵魂，也许只有经过书香熏陶后，才能充实丰盈。我们才有健康的生命和一颗恒抱希望的心。通过阅读，我们可以认识世界，可以穿越时空，可以造访过去，可以抵达未来。眼睛看不到的地方，书籍可以；脚步丈量不到的地方，书籍可以；身体无法抵达的地方，书籍依然可以。

  每个人的人生都有起点，能否走出一片锦绣天地，并不取决于你的起点有多高，而在于你一路上是否都在补充能量，让自己越走越精神！春天的大地上，留下多少犁铧的痕迹，秋天就会为你摇曳出多少动情的歌唱。

指导老师：胡雨蒙

点评

  这篇作文中的理性讲述与巧妙编织值得一观。为了号召读者热爱阅读，与书本同在，小作者引经据典，运用古今中外的传统仪式、经典文篇、文化意象，在颇有雅致韵味的层次排列中，在朴实而富有意蕴的论说中，渗透个人的读书经历，将自己的观点展现得越发可靠。这些，无不体现书籍带给小作者的"第二新生"，又怎么不是优秀的演绎呢？

书香缠绵，沫书深邃

蒋　啸

江苏省南通师范学校第二附属小学五（4）班

听纸页飘落的清脆声，看端正的文字，生活脱离不开书。我清晰记得在第一次接触"书"这个字时，那种激情与兴奋。

五岁时，我躺在床上，睡眼蒙眬的我伴随妈妈读故事的声音进入了梦乡。过了几天，我压不住自己的好奇心，睡觉前，我看着妈妈手上的书，虽不懂全部意思，但上面赫然的几个字"一千零一夜"，也让我恍恍惚惚明白了一点意思。

我虽然记不住其中的内容了，但是记得当时知道了这本书后的兴奋，其中的故事打扰了我的睡意，听完一整本书心里还泛起一层层甜意。

随着成长，我翻起了连环画，而第一个让我感受到书真正趣味的还是《格林童话》。不认识的字，妈妈用手指着挨个解读，哪怕一天也看不了几页，我的兴趣却毫不减少，甚至每天都盼着这个时刻。直到一次，我看到一篇故事《一只野狼和七个小羊》，狼的恐怖与威慑吓到了我，又让我彻夜难眠……随后，我慢慢了解到故事的绚彩、知识的深邃、书香的浓郁，从《伊索寓言》《安徒生童话》到小学时读的《西游记》《三国演义》《水浒传》《红楼梦》——"观三国烽烟，识梁山好汉，叹取经艰难，惜红楼梦断……"，各个人物让我沉浸其中。之后，《封神演义》《儒林外史》《阅微草堂笔记》等，再到科幻小说《海底两万里》，每个场景都让我投入其中。一本本名著仿佛为我铺上了一条条道路，我在书房中各个角落都能寻到缠

绵的香。

在我们家中，书柜上无不摆满了书籍。看着这些书，最老的已过了四十年了，每本都有许多浸没着岁月的尘垢，纸页泛黄，却保存得完好无缺，留下的原著还是一道道艳丽的足迹。

我们也会经常去书店买书，买到心仪的书，对此深钻研读。爷爷每天读着报刊，每一册杂志也被爷爷好好收藏着，看世界万物变化，对奇事发出惊讶，对好事给予赞叹，在书中，获得精神享受，学习知识。

最舒适的读书过程，是自己手捧一本爱书，浅闻书香，浸染书气。读书姿态端正，可读书时的神态却透露着心中仿佛一直拥有着一束闪耀的光芒，牵引着我的眼神，使我专心致志，夜以继日、全神贯注，想象梦幻的事件并全身心地投入。这些神态是那样美好，让人知道读书的人正在享受书中深邃的细节，多么恬淡、安静而温暖。

书在我的生命中宛如不可或缺的部分，在生活中已经燃起了心火，摇曳这动情的歌谣。

在书香中成长，使人快乐；在书香中成长，才能使得人生永久弥香。

点评

小作者语言积累丰厚，在行文中自在运用精美词汇，让文章富有书香气息。小作者从初读书的兴奋写到藏书的经历，再朦胧描绘自己在书籍中升华的精神世界，层次清晰，能让读者感受到他对于书的着迷。全文以"香"为线索，书香伴随着小作者成长，也丰富了小作者的精神追求。

化茧成蝶，逆风飞翔
——读《树孩》有感

刘文轩

常州市博爱小学六（13）班

歌德曾说过："读一本好书，就是和一位品德高尚的人谈话。"一本好书就是我们的良师益友，有贤良相伴、益友相随，对于我们的成长是大有裨益的。

去年暑假，我拜读了著名儿童文学家赵丽宏爷爷的小说——《树孩》。在小说中，"树孩"一路漂泊，路上遇到了形形色色的人、小动物和植物，它看见了雕刻家父子的爱与牺牲，发现了老鼠们的可爱与机智，见识了白发老奶奶失去孙子后的孤寂与思念，懂得了大黄狗的嫉妒和忠诚，与萤火虫聊起"光"……这些不同寻常的经历、与大自然中动植物的交流，让它一路思考，一路醒悟，充盈了内心。

"这万物有灵的世界，这生生不息的大地"，不同的读者从中获取不同的精神养分。在赵丽宏爷爷的这部儿童小说中，我看到了"蜕变与成长"。

从小我就是一个非常内向的男孩子，不光和陌生人说话会脸红，就连平日里上课，我也从来不敢主动举手发言。为了能帮我克服"社交恐惧症"，妈妈给我报了一个"演讲与口才"的学习班，我十分抗拒，每次上课，我都想方设法地开溜。记得有一次，妈妈刚把我送到老师那里，我就趁着她和老师聊天的工夫悄悄地溜了出来，躲在厕所里，无奈"道高一尺，魔高一丈"，我很快被妈妈找到并"抓"了回去，硬着头皮上完了课。

这样的状态维持了好久。

　　偶然间，我获得了《树孩》这本书，就是这本不起眼的小说吸引了我，改变了我。我如痴如醉，很快就读完了全书，书中木雕男孩的苦难经历让我不禁慨叹：我们的人生，从童年到少年，又到青年，犹如一段漫长而崎岖的旅程，这期间，不知道要经过多少坎坷，不知道要经过多少回蜕变，方能褪去稚嫩，成长成才，逐渐变得坚毅、勇敢，成就圆满的人生。那一刻，我突然意识到回避现实于事无补。于是，我下定决心：好好学习演讲，战胜恐惧与怯懦。在老师的专业指导下，在妈妈的持续鼓励下，我渐渐地喜欢上演讲，也敢于在大家面前展示我的才艺、亮出我的专长，挑战自我的胆量也慢慢大了起来。

　　半年前，我被选拔出去参加全国性的语言艺术大赛，虽然在此之前也历经了一些区、市级别的赛事，但当我身着演出服登上那华丽的舞台，面对着众多评委与嘉宾，还有台下的无数观众时，还是不由自主地紧张起来。突然间，我仿佛看见木雕男孩历经种种磨难，最终破茧成蝶、脱胎换骨，在来年春天里长成参天大树的情景，紧张的心情被抚慰了。站在舞台中央，看着下面上千名观众，此刻的舞台只属于我自己！当我在全国金奖的获奖者名单里听到自己名字的那一刻，我知道：我蜕变了，我成长了！

　　一本好书犹如良师益友，将指引我云帆高挂，乘风破浪；一本好书犹如贤良相伴，将见证我逐光而生，逐梦前行；一本好书犹如亲密家人，将陪伴我不断成长，不断蜕变。能遇到这样的好书是幸运的，这份美好的阅读体验如同一颗小小的种子，将陪伴着我不断成长，向下扎根、向上生长。如今我即将步入中学，成长的路上还会有很多挑战，我相信，在不远的将来，我将会再一次化茧成蝶、逆风飞翔！

指导老师：李　如

点评

　　小作者文采飞扬，语言表达行云流水。文中有对书籍内容的思考，有对自己退缩行为的反思，有勇于挑战未来困难的决心……多处细腻的心理描写，展现了阅读《树孩》前后的不同内心变化，从每一次逃避演讲到后来站在众人瞩目的舞台上淡定从容，读者清晰地感知到，这本书给他带来了勇气，让他从原来的胆怯男孩蜕变为勇敢的少年。从他的蜕变中，我们也深深地被一本书带来的力量所感染。

案板下的读书声

李昺泽珵
石家庄市中山西路小学四（1）班

柔和的灯光，宽敞的书桌，舒适的座椅，坐在这雅静温馨的书房内，我不由想起今天看到的一组心酸又感动的照片。

一个菜市场的摊位案板下，一个小女孩正躲在里面上网课。案板上，三盏黄灯照着各式色香诱人的荤素卤菜；案板下，两边堆放着部分物料，中间铁架间的狭窄空间里，是个和我差不多大的小女孩。她坐得笔直，目不转睛，双手端放在由货箱垒起的桌板上，头与案板支撑架接触，好像一不小心就会磕到脑袋。她专心致志地听着课，眼神充满对知识的渴望。老式笔记本电脑与台灯发出的光，点亮了旁边的课本与作业。我仿佛听到"砰砰砰"的剁菜声、嘈杂的说话声和小女孩琅琅的读书声……那小小的身子蜷坐在小小的角落，看起来，像个茧。

回到窗内，看着父母为自己营造的良好学习和成长环境，干净整洁的桌面，独立安静的氛围，大屏护眼的显示器，我不禁觉得，案板下的那个女孩即使生活再困苦，日子再难熬，处境再艰难，仍在坚持认真读书，而我有什么理由不去珍惜这么好的学习和读书环境呢？

关于读书、劝学的书籍、名言，可谓车载斗量。有人说，"读书声里是吾家"，耕读传家是传统；有人说，"读书本意在元元"，为家国天下而读。案板下那个读书的身影和女孩对读书的坚定信念，不是教科书般告诉我读书的重要性，也不是父母天天在耳边唠叨要好好学习，而是让我对"最是书香能致远"的故事有了更深刻的感悟,它给我一种更深沉的前行力量。读书就是一盏明灯,在黑暗中洒下一束微光,照亮我们前进的道路,照亮每个人的未来。

一粒种子,为迎接阳光而拼命冲破泥土;一只幼龟,为爬向大海而奋力突破蛋壳;一只幼蝶,为翩翩起舞而不懈努力破茧而出。那位坐在案板下读书的女孩,一定会通过努力读书换取可期的未来,我也笃信读书教给我们的不仅仅是知识,更是看世界的另一种方式。读书,书山有路;读书,诗和远方一定不远!

点评

新闻中那个在案板下读书的孩子,让小作者有很多的感触,发出"有什么理由不去珍惜这么好的学习和读书环境"的拷问。在文中,小作者对读书有了更多的感悟,找到了阅读的密码。优美的文字,伴随着案板下的读书声,伴随着书房内的思索,充满思维的生命与张力,恰恰印证了书的奥妙。

以书为友

胡灏辰

苏州市吴江区实验小学教育集团爱德校区四（5）班

每个人都有自己的好朋友，而我最好的朋友，有几百甚至几千个之多。你不要太惊讶哟，因为我的朋友是书籍。

交·小朋友

在幼时，因为紫外线过敏，我很少外出。当别的小朋友在外面嬉戏玩耍时，我只能趴在窗口无聊地发呆。于是，妈妈买来很多精美的绘本，耐心读给我听。那是我初次与书相识，一本本绘本俨然是一个个好友日夜陪伴着我，带给我无穷的乐趣：《抱抱》向我传递温暖的感情；《这样的尾巴可以做什么？》带我认识各种各样的动物；《杰瑞的冷静太空》让我乘着想象的翅膀，高高地飞翔……从此，我不再感到孤单。

交·趣朋友

待我年纪稍长，绘本朋友们已不再能满足我的好奇心。于是，一摞摞新的故事书摆在了我的书架上。这些新朋友向我展示了精彩纷呈的故事世界：阅读《笨狼的故事》时，我被笨狼的各种傻傻的行为逗得捧腹大笑；阅读《福尔摩斯探案集》时，我被惊心动魄的案情吸引，废寝忘食直到解开一个又一个谜团；阅读《因为爸爸》时，我因为金果和爸爸的感情而感动落泪……我每天沉浸在一个个故事中，不能自拔，回味无穷。

交·胖朋友

现在，随着我的成长，我交的朋友们都越来越"胖"了。比如林语堂

《苏东坡传》有厚厚的四百多页,四大名著每本都有大几百页。这些书籍化身良师益友,在我耳边声声叮咛:每当我迷茫烦乱时,苏轼的"一蓑烟雨任平生"带给我慰藉;每当我懒惰妄想不劳而获时,韩非子的"兔不可复得,而身为宋国笑"给我警示;每当我在学习上拖拉时,钱福的"我生待明日,万事成蹉跎"给我劝诫。

以书为友,日月如梭,我的日子过得滋润快意。我可爱的书籍朋友们,谢谢你们,陪伴我,指引我,教导我识别善恶,明辨是非。以后,我还会结识更多的好朋友,在茫茫书海、滚滚字潮中也能成长为更好的自己!

指导老师:张 赟

点评

小作者选取了不同年龄段带给自己深远影响的书籍,简洁凝练地概括这些书中的内容,让读者在了解书籍的过程中也了解了小作者的成长心路历程。最让人眼前一亮的便是这些书籍在小作者眼中,是陪伴其成长的朋友。其中,"小朋友""趣朋友""胖朋友"形象而贴切。一本本书不再是简单的图案和文字,而有了身份,陪伴着他度过成长中的每个阶段。从他流畅而生动的表达中,我们能真切感受到,书籍朋友们充实了他的内心,让他的生活变得充满趣味。

书中知吾乡

华梓宁
镇江市实验小学六（8）班

不读书不知道，我每天走过的大街小巷，一个个不起眼的地名背后，竟隐藏着这么多有趣的传奇故事，更静静地述说着我的家乡镇江悠久的历史和深厚的文化底蕴。这本书就是爸爸向我推荐的《镇江古街巷地名掌故》。

每天上学，我都要穿过一条小巷，名叫仓巷。它因曾是古代粮仓所在地而得名。而古代镇江，因为长江运河交汇，一直是国家粮食的存储地。还有果子巷、梳儿巷、网巾桥等等，都是手工业者与商人的荟萃之地，是古代城市经济最活跃的地方。于是，我知道了，我的家乡，自古繁华。

我的学校，位于胜利路一侧，它原来的名字叫得胜街。这个"得胜"，既有第二次鸦片战争时镇江军民抗击英军得胜的故事，也有太平天国打清兵得胜的故事。还有宋官营、堰军巷、磨刀巷……这些地名，都与南宋时期的镇江驻军有关，背后则有着好多可歌可泣、用热血写就的镇江军民抵抗入侵的悲壮故事。于是，我知道了，我的家乡，本是一座英雄城。

还有王通事巷，因为清代一位姓王的洋行通事在这里教外语，因名气越来越大而得名。板壁巷，为了引导盲人走路，将一条巷子用木板包了起来，据说这是清代中国人建设的世界上最早的盲道。三善巷，这里有民间办的慈善机构五六家之多，得名则是因"口出善言、心存善念、身履善行"的三善。我仿佛感受到了镇江这座"大爱之城"于历史深处散发出的爱的温度。

去年夏天，我与小伙伴们开展"用脚步丈量家乡土地"红领巾寻访活动，以徒步的方式在老城区走街串巷，一路走过大杨家巷、鱼巷、布业公所巷、打索街……我就会想起这些镇江古街巷地名的故事。书中有记载，现实来"打卡"，家乡丰富的历史文化在我面前变得立体生动起来。

不知吾乡，怎爱吾乡；不爱吾乡，怎爱吾国。一本好书，让我对家乡了解更多，让我对家乡热爱更诚。

指导老师：花　蕾

点评

书有千千万万种，当大家竞相从书中认识人物，知晓道理，传承精神时，本文的小作者却别出心裁地介绍了一本关于家乡镇江古街小巷的地名由来的书。正如结尾所言，"不知吾乡，怎爱吾乡；不爱吾乡，怎爱吾国"，要想去往更广阔的世界，要先走好脚下的路；而要想走好脚下的路，唯有了解才能更踏实和热爱。如果你的家乡也有一本古街巷地名掌故，你是否也愿意像小作者一样阅读它的厚度和丈量它的广度？

人可以被毁灭，但不能被打败

黄项濬

南京市拉萨路小学五（1）班

在我成长的路上，总有一缕淡淡的书香萦绕在我心头，让我时而如痴如醉，时而潸然泪下，时而斗志昂扬……有许多的书籍曾经给我指引、启发和力量。《老人与海》便是我认为最有力量的一本书，每当我想放弃时，它总像一座灯塔，指引我前行的路。

这本书的作者是美国作家海明威，主人公是一位老人。故事从老人已经连续八十四天没有捕到任何一条鱼开始，在这种境况下他仍没有放弃。他不畏惧，不退缩，反而迎难而上。终于，在第八十五天时，他的鱼钩抖了几下，是三条大马林鱼上钩了！他急忙开始拉回钩子，可鱼的力量太过强大，机械杆都拉不动了，老人只好用手拉扯，经过三天三夜的搏斗后，终于将三条大马林鱼成功捕获。可大马林鱼的血腥味却引来鲨鱼的围攻，老人又不得不再次面对困难，他用衣物包扎好伤口，拿起鱼叉，猛地向水里疯狂扎去。又是一番惨烈的搏斗后，鲨鱼被赶走了，但老人的三条大马林鱼也被啃食得只剩头部了。从结果来看，老人失败了，他依旧没有成功地带回一条鱼，但若从过程来看，他是成功的，因为他的坚持和勇于拼搏的精神已经战胜了自我。

老人曾说过一句话："人不是为失败而生的，一个人可以被毁灭，但不能被打败！只要还有最后一口气，就能在跌倒的地方重新站起来！"老渔夫顽强的精神使我想起了奥运健儿在角逐中咬紧牙关，坚持到底的韧劲；想起了残疾人身残志坚，成就卓越的坚毅；想起了各行各业的人们在危难关头，勇往直前积极面对的态度……我也曾遇到过挫折和困难。去年学校的踢毽子比赛，我势在必得，却因为比赛规则的改变踢了七十个都没拿到奖，一瞬间我赌气说不想再参加任何比赛。这时，妈妈让我想想大风大雨里永不言弃的老人。是呀，这点小失败又算什么呢？哪里跌倒就从哪里站起来，我要随机应变，要认真努力地练习，无论规则怎么改我都能胜出！读书，教会我如何面对困难；读书，教会我和朋友相处；读书，让我一个人时不寂寞……我的读书生活恰似一幅流光溢彩的画页，丰富而美丽。

成长旅途上的困难与挫折不可避免，可怎样去面对它们却是我们可以做出选择的。"人不是为失败而生的，一个人可以被毁灭，但不能被打败！"去读这本书吧，去感受它的力量吧，它能让你在遇到挫折与困难时，照亮你前方的道路，让你在困难中乘风破浪，勇往直前！

指导老师：谢　婧

点评

一本书，讲述一个故事，传递一种力量。小作者从《老人与海》中，感受到了力量，改变了自己的生活。全文行云流水，先概括了故事的内容，继而对故事进行了凝练，接着围绕中心观点重点描述细节，让道理的出现更为坚实。而在描述书籍对自己的影响时，小作者选取了生活中的一个小事例来表现，贴近生活，也更能引起小读者们的共鸣。

我与《传承》的故事

周昕辰

南京师范大学附属中学新城小学四（10）班

原本学习还不错的我，到了四年级下学期成绩突然下降了。一开始我还不以为然，认为只是偶尔的粗心大意导致。但后来我的成绩下滑得越来越严重，这使得我也变得害怕起来了。

回到家坐在椅子上发呆，思考对策无果，干脆来到了图书馆。和以往一样，我在熟悉的书架上寻找着自己中意的书籍。突然，一本书的封面吸引了我：两名少先队员正在苍松翠柏前肃立，遥望着雨花台九烈士群雕敬队礼，胸前的红领巾迎风飘扬，鲜红的"传承"两字更是夺目。我毫不犹豫地拿起了这本书，仔细地阅读起来。

这是一本关于雨花英烈精神的小学生读物，讲述了革命先辈们用行动诠释中国共产党人的初心使命、理想信念和家国情怀的故事，情节惊心动魄又催人泪下。酣畅淋漓地读完这本书后，我对书中的革命先烈肃然起敬，也对"传承"有了更深的理解：革命先烈已离我们远去，但英烈精神须我们传承。作为小学生，我们应该怎样传承雨花英烈的精神呢？思来想去，我觉得"勇敢"二字最符合当下心境。勇敢不仅是指在危险时敢于冲锋陷阵，更是指在面对困难时不退缩，不放弃。

离开图书馆后，我繁复的思绪竟豁然开朗了：《传承》这本书教给我勇敢，我一定要传承英烈精神，勇敢地追求梦想才对啊！成绩下降这一困难，又算什么？于是，我先让自己静下心来思考，又请父母和老师指点迷津，最终得知我是由于这段时间课外辅导班和大队部的工作占用了很多时间，使得自己做事的专注度不够，粗心也就接踵而至，成绩才下降。有了改正的勇气和方向，在接下来的一段时间里我停掉了一些课外辅导班并完善了我的学习计划，有意识地提高自己的专注度，终于在学期末又回到了班级前列。

在成长的过程中，我们会遇到许许多多的挫折，但我们要怀揣着一颗迎难而上的心去解决问题，这就是《传承》这本书带给我的启示。现在的我，会继续传承雨花英烈的精神，汲取更多的力量，向着梦想出发！

指导老师：陶亚玲

点评

小作者用质朴的文笔诠释了阅读不仅能解答学术的难题，也能解开纷扰的心结。为了阐述对《传承》这一红色读物的感受，小作者摈弃了"喊口号"式的读后感，将自己感悟到的"勇敢"二字真实又踏实地呈现出来。真真实实源于心中所想，踏踏实实用于当下所困。或许，再次阅读这本书时，小作者又会有新的体会；又或许，学习生活再遇到瓶颈时，小作者又会从其他书中获得灵感。我们不得而知，我们不难得知。

仰望星河，筑梦九天

杨政纶

淮安小学五（10）班

小时候，我非常喜欢夜晚，躺在床上听爸爸妈妈给我讲牛郎织女、嫦娥奔月的故事。透过窗子，仰望夜空，星星那么多，怎么数都数不清，漫天星辰就像涌动的大海。数累了，凡·高的星空就闯进了我的梦乡，我乘坐着月亮船，在星海里尽情遨游……

上学后，每每读到"明月出天山，苍茫云海间""星垂平野阔，月涌大江流"这样的诗句，我都会仰望星空，凝视许久。作为"太空迷"的我，对于浩瀚的宇宙有着说不出的向往。

随着神舟十五号凯旋，神舟十六号载人飞船圆满发射成功，我不禁又一次拿起《中国航天员》这本书。再次仰望星河，想到的不只是神话故事，还有在茫茫宇宙中某个角落的航天员。一日，我在新闻中看到刘洋阿姨从太空舱里出来，被戴上了硕大的红花，授予勋章，那一刻真的震撼到我了！我不禁浮想联翩：长大后我也要成为一名宇航员，乘坐神舟号飞船飞向神秘的太空，开展科学研究。可是，宇航员在登上飞船之前需要准备什么？

《中国航天员》这本书给了我答案。一名航天员要经历离心机训练、振动训练、野外生存训练等一百四十多项训练，还要学习上百门课程，如航天医学、地理气象学、高等数学、自动控制……只有每天都进行高强度的训练，在太空中遇到紧急情况时才能处理得得心应手。

书中让我印象最深的一位航天员是邓清明叔叔，他是1997年我国载人航天工程实施后第一批航天员中的一员。可是，做了"备份"二十五年，他却始终没有登上太空。但是他并没有放弃梦想，一直坚持学习训练。终于在2022年，他乘坐神舟十五号圆梦太空。他说："我可以用一生去默默准备，但绝不允许当任务来临的时候，我却没有准备好。"这种默默坚持的精神深深感动了我。

"神十五"航天员张陆叔叔顺利出仓后，在接受采访时说道："眼有星辰大海，胸怀赤胆忠心！"当前，我们的国家正在向建成社会主义现代化强国迈进，这需要我们每一个人的努力。作为一名小学生，我虽然暂时还无法像宇航员们一样去探索太空，但我可以不断阅读，积累知识，努力锤炼自己的能力，在不久的将来为实现中华民族伟大复兴的中国梦贡献力量。

而现在，我会继续搭乘书籍这一飞船，尽情遨游在广阔无垠的星辰大海……

指导老师：刘芬芬

点评

小作者有详有略地介绍了《中国航天员》这本书中让他印象深刻的内容：航天员的日常训练、邓清明叔叔默默准备25年、张陆叔叔的震撼话语。字里行间透露出对航天员的敬仰，以及对航天事业的热爱与渴望。语言文字如同作者表达的决心一样，充满朝气与豪情壮志。这是一本书带给孩子的巨大影响，这份影响又化成文字，传递力量给读者。

有着年久失修味道的书

傅星皓
南京市鼓楼实验小学三（6）班

"文字中有色彩、有声音，还有气味……"黄老师的话时刻萦绕在我耳边……

我家有许多书，多到搬家时装了满满一车还没运完，这大部分都是我姐姐的书，现在传给我啦。妈妈说，姐姐可是个小书虫，经常窝在沙发上一看就是一整天。小时候我不识字，只能看图画书，但是对于文字书充满了好奇，还装模作样拿起来看得津津有味。上小学了，我也渐渐认识了许多字，终于可以自己看书啦！我也可以时不时跷着腿儿，窝在沙发边，徜徉在书海。

偶然的一天，我"刨"到了一本书脊泛黄，外壳摇摇欲坠的书，可能是因为"书龄"太大，散发着一种不可名状的味道。我心想：还有这么古老的书呢！再往里一搜，有一部分书都被翻得旧旧的、烂烂的，有一种"年久失修"的气息。这下引起了我的关注，原来这些都是黄蓓佳老师写的书，再一看书名，着实非常"勾引"我。这儿瞧一瞧，《我要做个好孩子》；那儿瞧一瞧，《我飞了》；再定睛一看，哇，《今天我是升旗手》……我的目光像被粘在这书上面了，怎么也移不开。就它了！我毫不犹豫地抽出这本"古老"的书，把身体窝进沙发，也把自己送进故事里……

"真好啊，什么时候我也能当升旗手……"随着书翻到了最后，我意犹未尽地嘟囔着。书中的主人公肖晓，凭借着坚持不懈、勇往直前去追逐梦想的信念以及善良坚毅的品格，终于实现了自己的梦想，成为骄傲的升旗手！摸着泛黄的书脊，隐隐约约仿佛听到肖晓在我耳边轻声呢喃："加油呀！小傅同学，只要你坚持不懈，积极向上，一定可以实现自己的梦想的！"我亲了亲这本书，伴随着时间的味道、时光的声音。

一次偶然的机会，姐姐翻出了她所有黄老师的书，放到了我面前。我看了看，所有的都是泛黄陈旧的，偶尔还被翻烂了，但是都弥漫着一股陈旧的香味。"明天你可以去黄老师的阅读分享会，记得帮我要签名哇！我的童年偶像你替我见到了！"兴奋的姐姐两眼放光，我突然也无比期待起来。

当我把黄老师签名的书带回来时，姐姐疯了一样抱住书不停地亲来亲去，还凑近了闻一闻，是不同时代交融的味道！

猛然，我想到分享会上黄老师说的，"文字中有色彩、有声音，还有气味……"我要用心去感受书，嗅到书中那个时代和现今时代气息的碰撞和交融，了解不同时代背景下和我同龄的孩子们成长的心路历程，书也陪着我一同长大。

这么多带着时光和姐姐的独特味道的书伴随我一路成长，我好幸福！突然觉得"年久失修"的味道也很香呢！

点评

"有着年久失修味道的书"，题目很新颖，一下子就激起人们阅读的兴趣。小作者笔下年久失修的书是黄蓓佳的书。因为姐姐经常翻阅而"破烂"，这让小作者嗅到了别样的味道。在阅读完《今天我是升旗手》之后，小作者感同身受，他也要像小主人公一样坚持不懈、勇往直前地去追逐梦想。这恰恰是书籍带给作者的切身感受与最大启迪。

毛毛虫的启示

丁柳萱

无锡市五爱小学五（3）班

有人生来就拥有令人羡慕的条件，也有人生来就不如别人，无论是样貌还是能力。《毛毛虫的天空》里的毛毛虫，显然属于后者。瞧，它又被嘲笑了！看看自己丑陋的身躯，又望望蓝天，毛毛虫埋头建起了房子。

《毛毛虫的天空》是我最喜爱的书之一。记得第一次看这本书时，我的心随着毛毛虫的经历跌宕起伏，为它受到了不公平的待遇伤心过，也为它终于破茧成蝶欢呼过。随着年龄的增长，当我再次翻阅这本书时，发现它不仅仅是一个有趣的童话故事，还蕴含着深刻的道理。

文中的毛毛虫因为丑陋，经常受到嘲笑；因为行动缓慢，走不出自己的方寸之地。可它不气馁，在请教过花蝴蝶后，擦干眼泪，埋头努力，经过蜕变，终于破茧成蝶，拥有属于自己的一片天空。我想，如果毛毛虫甘于现状，没有努力吐丝结茧，没有鼓足勇气咬破茧子，它永远只能是一条丑陋的毛毛虫，它的身体、眼界就永远只能困在那片出生的树叶上。它不就是那些始终心怀梦想，不向困难屈服，努力改变命运之人的化身吗？

我从小就是个不起眼的小姑娘，因为相貌普通沮丧过，因为做事笨拙自卑过。初读这本书，我觉得毛毛虫很幸运，能变成美丽的蝴蝶让人惊艳。再读这本书，我领悟到：如果我什么也不做，就永远不会有令人惊喜的蜕变，我只有不断学习，不断努力，才能跟毛毛虫一样破茧成蝶。于是，我怀着作家梦，投身于书海，认真阅读，努力写作。刚开始，我的习作平平淡淡。渐渐地，我的作文本上的红圈圈越来越多了。当第一份稿费单寄来时，我意识到了自己正在发生令人惊喜的变化。相信不久的将来，我也能拥有属于我的那份美丽，拥有属于我的那片天空。

感谢毛毛虫，童年与我相伴！感谢毛毛虫，让我汲取到成长的力量！

指导老师：张志毓

点评

这是让人感动的一篇文章！在文字背后，我们仿佛看到了那个埋头写作，努力突破自己的小作者。也正如小作者自己所说，相信在不久的将来，她能收获属于她的那份美丽，那片天空！从行文来看，全文结构回环不断，有多处自己同毛毛虫的类比，表现了这本书对她的积极影响。小读者们可以学习她的构段方式，来更好地体现书籍对于自己的影响。

书香，我的"围城"！

赵梓夷

江苏省连云港师范高等专科学校第三附属小学三（2）班

在我的房间里，书架占据了桌子和床以外的所有空间，包括床的上方！书架上放满了各种各样的书。说是"放满"，倒不如用"堆满"更贴切，因为每一层排列整齐的书上面的狭小空间，都被塞满了书。当然，每一本书的书脊都是向外的，所以寻找起来并不难。

在我看来，这些重重叠叠、挨挨挤挤、或薄或厚的书，都是我的新朋旧友。那一本本书，仿佛是一张张永远充满智慧、友善的笑脸，在向我召唤。由书累砌的"城堡"囊括了大千世界，让我如饥似渴！每当放学归来，我便一头扎进这"城堡"之中。

读书，真是件挺让人享受的事。它给你带来快乐，更给予你知识。

《酷虫学校》是一套趣味横生的科普丛书：爱推粪球的屎壳郎令我捧腹大笑，团结协作的小蚂蚁让我深受教育，还有采花酿蜜的小蜜蜂、勇敢无畏的小螳螂……一天夜里，我"咯咯咯"地笑出了声，竟把自己吵醒了。原来，我在睡梦中再现了昆虫们乱作一团的运动会。

去年春天，我和爷爷到苍梧绿园游园赏花，印证一下从《掌中花园》这本书中学得的知识。

一片蓝色的花朵出现在我们的面前，阳光下生机勃勃，微风中上下舞动。那些蓝色的花好似一大群蓝色的精灵翻飞跳跃，美丽极了。

我兴奋地告诉爷爷："这种植物叫蓝蝴蝶，是中药材，有助消化的功能，花期五六个月，花瓣像绢一样非常好看，虽然不怎么香，但成片种植形成的美景让人赞叹不已。"

不远处，一位辅导员模样的人正在对一群孩子说："这种植物叫鸢尾花，开的花很漂亮，但有一定的毒性……"

我一听，坏了，这是把蓝蝴蝶与鸢尾花搞混了。我急忙过去，把两种植物的特征、区别一一说了一遍，避免了一次科学错误。看着告别时他们充满谢意的目光，我深深地感受到读书是多么的重要，同时体会到了分享的快乐。

我喜欢书本中油墨和纸张散发的特有味道，喜欢每一本书呈现的生动讲述和精彩描写，更喜欢四壁的书把我围起来的感觉。

书香，我的"围城"！

指导老师：程思佳

点评

本文的独特之处在于表面写"围"，实则在写"放"。小作者的生活圈子被书围住，从书脊朝外的小细节描写中，我们感受到了小作者对待书就如对待一位老友一般真诚、热切。而在后续的一件小事中，小作者却没有被书围住，反而是借助书中的知识，去更好地生活。一收一放之间，书不再是"围城"，而成了阶梯。

小勺回家了

顾书逸

盐城市亭湖新区实验小学三（13）班

暑假的第一天，爸爸给我带回来一本书《勺子飞来了》。我很感兴趣，便一头扎进了书海。

书中的主人公叫"盐小勺"，它长着一身斑驳的羽毛，一双闪亮的眼睛，一对有力的翅膀，以及一张标志性的勺嘴。说到这，你应该猜出来了，它就是大名鼎鼎的国家一级保护动物——勺嘴鹬。

七月，长途跋涉的盐小勺终于回到了家。它在滩涂上走来走去，用勺嘴"吧嗒吧嗒"地在水里觅食。突然，小勺感到有一个东西在周围蹦跶，它褐色的小眼睛欣然放光，一溜小跑冲过去，"吧唧"一声，用嘴夹住了一只小虾。可身后又走来了一只小青脚鹬，它打算把小虾抢走！只见小青脚鹬把嘴一挥，一口把小虾抢了过去。盐小勺趁小青脚鹬不注意，扑棱起翅膀，一个俯冲把小虾又抢了回来。你看，盐小勺多敏捷啊！

盐小勺也是"飞行高手"。夏天，盐小勺"一路向南，纵跨整个东亚大陆，到达南海和东南亚沿海的越冬场"。生物学家惊讶地发现，在迁徙的过程中，盐小勺居然飞了 12 000 多公里！

但是，书中的数据告诉我，目前世界上可繁殖的勺嘴鹬总量只有 200 多对，数量远少于大熊猫。为呼吁人类保护勺嘴鹬，盐城将它和丹顶鹤、麋鹿亲切地称为"吉祥三宝"。现在，在盐城的很多场所，我们都可以看到勺嘴鹬可爱的卡通形象，它已经成为我们大家庭中的一员啦！

《勺子飞来了》在我的心里种下了一颗种子：我们要好好爱护大自然，给勺嘴鹬一个温馨的家。让我们一起努力，不要让盐小勺成为最后一只勺嘴鹬。

指导老师：陈 榕

点评

作文语言亲切自然，在娓娓道来中便把我们领进书籍的世界。其中，更以图书主角盐小勺为中心，串联了它伶俐可爱的外表，灵性十足的动作，卓越不凡的本领。这些可爱的特质都在情节的过渡之中，在详略均衡的流畅语言中，将作者对书本的喜爱展现得淋漓尽致。读书的最大收益便在于真情实感与行动迁移，这些尽数出现在了作者的笔下，值得学习。

初中组

一等奖

三读《水浒传》

徐浩轩

南京市鼓楼实验中学初三（7）班

每本书，都蕴藏着一个精彩的世界。读书，就是跟随着作者的笔触，一步步走入那或温暖，或寒冷，或风和日丽，或狂风骤雨的世界。神奇的是，在一次次探寻书中世界的过程中，眼前的真实世界也越发宽广，心中的精神世界也越发丰盈，或许这就是书之于成长的意义吧。

晚上十点，窗外月明星稀，我把桌上的台灯调得更亮了一些，又一次走进《水浒传》的世界。

初读《水浒传》，是在我小学三年级时。刚翻开书，我只是觉得书中的人物、故事很好玩，什么豹子头杀人请功咯，武松景阳冈打虎咯，每读到精彩的打斗情节我都禁不住拍案叫绝。我倾心于那些武艺高强的英雄好汉，比如九纹龙史进、花和尚鲁智深，而对于那些运筹帷幄的"书生"则不大佩服，比如书中的智多星吴用。起初，我总觉得这个人啊，真是人如其名——"无用"。儒雅有什么用呢？没有高强的武艺，在梁山上就是一个名不副实的英雄。直到读了"智取生辰纲"这一回，他那一计假戏真做，欲盖弥彰，虚张声势，软硬兼施，真真是把"智多星"的"智"发挥到了极致，使得精明的杨志防不胜防，落入圈套，我不由得被深深折服。原来英雄不止一种类型！第一次走进《水浒传》世界，我惊叹于性格各异的英雄形象。读着，在脑海中构想着他们的模样，不知不觉那一百单八将的绰号烂熟于心，那一个个形象鲜明的好汉特点了然于胸，连那些不常出现的好汉我都能如数家珍，一一道来。年少好奇的我，在《水浒传》的世界里认识了一个个鲜活的人物形象。

再读《水浒传》，是六年级的那个暑假。有了一定的文学基础后，我对《水浒传》的阅读不再是浅读里面的打杀抢劫，而是深度解读书中的文学笔法。我尝试去品析《水浒传》的语言艺术，书中很多细节描写精彩之至，真是让人赞不绝口。最经典的就是"鲁提辖拳打镇关西"这一情节，依稀记得打那三拳各有打法，作者也各有说法：打鼻子上的却似开了个油酱铺；打眼眶上的却似开了个彩帛铺；太阳穴上那拳，又似开了个道场。这是怎般精妙的比喻！丰富的味觉、浓烈的色彩、强烈的声响，给人全方位的冲击感，完美再现了他重拳惩恶时的场面。作者的表述能力极强，再复杂的情形，经他的笔勾勒描摹，读来总是那么清晰自然。与郑屠的三次对话，鲁提辖的语言，郑屠的语言，读来相似，但是各藏了不同的情绪和小心思。作者总能抓住要点，收放自如，巧妙控制了小说的行文节奏，笔力非凡。那时我恍然大悟：小说中人物形象的立体鲜明与否，与作家语言艺术的水平高低息息相关。

到了初三，《水浒传》成为必读书目，我并没有因为过去读过两次而敷衍这次重读。果然，第三次翻开这本书，我又有了更大的收获。三读《水浒传》，除了更深刻地理解那精彩的情节、鲜明的人物、形象生动的语言，我还领悟了在一个个人物及其故事的背后，那深刻的批判意味。我国早期的长篇白话小说，如《三国演义》《水浒传》，都是从国家政治和社会批判的角度来立意构思的，它们意在揭露黑暗社会，劝诫当权统治者。《水浒传》以一次大规模农民起义为大背景，以其中每个好汉的经历来反映社会的一个侧面。典型的如朱仝和雷横去捉宋江时，两人竟不谋而合，都有心放宋江，最终闹了一场笑话。表面看是宋江的人格魅力使然，其实背后反映出的是当时腐朽的封建统治阶级已彻底丧失了民心。得道多助，失道寡助，说的就是这个道理。捧读名著，仰之弥高，钻之弥坚，真正的

宝藏，还在于阅读可以使人知古鉴今。

古人云："看山是山，看山不是山，看山还是山。"初次看山时是建构，次看是解构，再看是重构。读书又何尝不是如此。六年时光，三读《水浒传》，不一样的感悟，不一样的体验，伴随着我不断成长。而正是一本又一本如《水浒传》一样优秀的书，给了我人生的启蒙，给了我成长的养分，让我的生命逐渐蓬勃。

不断流逝的是时光，常伴身旁的是书香！

指导老师：周盼盼

点评

一本《水浒传》，三次阅读，选点很小，叙事朴实。出色之处在于巧妙扣住了征文主题"书香伴我成长"。

"书香"在哪里？"好书不厌百回读"，名著的魅力就在于吸引你不断阅读。一读再读三读，这吸引力就是"书香"的魅力。

"成长"在哪里？三读《水浒传》，在这反复阅读中拾级而上，从文字表面登堂入室，剖析情节之后的"文思"与"文意"，读出了三个不同层次、不同侧面的感悟，而且引用"看山是山，看山不是山，看山还是山"的名言，总结出"建构—解构—重构"的读书思维路径。这个含英咀华、涵泳品味的阅读过程，正是思想深化、心智成熟的过程。"成长"有迹可循，且是"我"的私家经验、个性表达，此为亮点。

那棵树·那首诗·那个我

张雨晨

扬州市平山实验学校初一（4）班

跟着在田间劳作的妈妈，依偎在一棵小树苗旁，缠着妈妈教我读那些有趣的古诗。"春眠不觉晓，处处闻啼鸟。"鸟儿的鸣叫真是好听，莫非也在念诗？于是我也饶有兴味地大声念着，想怎么念就怎么念，念着念着，困了乏了，就靠在树下做一个浅浅的甜甜的梦。"儿童急走追黄蝶，飞入菜花无处寻。"小小的我哪里理解古诗的意思，只是一看见与我同龄的孩子们在油菜花丛中追赶着蝴蝶，好似映照了古诗一般，便也急匆匆跑去捉蝴蝶了。

和我一般高的小树苗呀，那是天真烂漫的我。

那棵沐浴月光的田间小树苗，长高了，长壮了。再相逢，已是我与弟弟一同来了。桃花开了，嫩叶中夹着夭夭的花，时不时又有蜂蝶起舞，传粉酿蜜。花的清香才下鼻尖，又上心头。"人间四月芳菲尽，山寺桃花始盛开"，我比那天真的我更懂得怎么理解古诗，怎么欣赏自然了。"长恨春归无觅处，不知转入此中来"，我随着诗的脚步，追随着春天。

比我高出许多的小树呀，那是亲近自然的我。

星辰起落几多日夜，浓绿消长几个春秋。在田间高耸的大树旁，我神往"明月松间照，清泉石上流"的清雅，我敬仰"黄沙百战穿金甲，不破楼兰终不还"的悲壮，我感受"同是天涯沦落人，相逢何必曾相识"的慨叹。我会因"夕阳西下，断肠人在天涯"的游子而心酸，会因"长风破浪会有时，直挂云帆济沧海"的豪情而壮志满怀，我与子美共期盼能得"广

厦千万间，大庇天下寒士俱欢颜"的明天。

须抬眼仰视的大树呀，那是渴望顶天立地的我。

我向渺远却清晰的未来启航，诗，便是我在人生汪洋遨游间不经意瞥见的一束流星，在文字的天空划过，惊艳，璀璨了我的心灵。在我忙碌的生活中，诗，似那家乡广陵漆器上的薄螺片，让烦躁的我眼前一亮，陶醉于它的流光溢彩；诗，也似那东关古街上的陶笛声，让青涩烂漫的我驻足沉思，深思她的意蕴悠长。诗，滋养着我，像大地、阳光、河流滋养着田间那棵小树。

如果有一天，那棵树，那棵田间的笔直粗壮的树可以参天入云，请一定相信，还会有和我流着相同血脉的孩童，在浓荫洒下墨绿清凉的树下读诗，读那些美好了千百年的诗。风吹过的田野，会和我一起，怀想那些美好了千百年的事。

指导老师：孔德俭

点评

"诗家清景在新春，绿柳才黄半未匀。"这篇文章妙在一份清新，小树的意象使一篇抒怀的散文诗意盎然。一幅幅画面，可喜可爱，灵气逼人。更妙的是本文的主题就是诗对生命的滋养，内容与形式高度和谐，格外优美。人如小树，从幼苗而渐至参天；心如小树，由天真而渴望担当。"成长"的意味呈现得自然而隽永。"广陵漆器上的薄螺片""东关古街上的陶笛声"仿佛是忽然宕开的一笔，但其实是巧妙拓开一层：诗如生活，生活亦如诗，传统文化便是无字之诗，这些意味深长的诗滋养了一个孩子的成长。文末的遥想，由自己想到一代代的文化传承，一代代的儿童成长，视野阔大，别有境界。

书香缱绻，岁月生香

朱睿敏

丹阳市云阳学校初二（2）班

清风拂过桌面，阳光倾洒窗前。我习惯性地一手执笔，一手翻书。不知不觉，在这书香氤氲中，我将书翻过了十四个春秋，书也伴我度过了十四年忧乐。

七岁时，我懵懂地看着书上的"一寸光阴一寸金，寸金难买寸光阴""一年之计在于春，一天之计在于晨"。"惜时"这个概念便模糊地印在心里。于是我开始珍惜早读课上的一分一秒，在晨光中诵读，绝不浪费分秒时光。当看到理想的默写分数时，我便觉得这就是珍惜时间。

十二岁之际，正值小学毕业的升学考。一时间，白花花的试卷，铺天盖地，压力在无形中陡增。我开始倦学，开始偷懒懈怠，在心理上才稍轻松了一些。但在某日，我翻开罗曼·罗兰的《忙碌与进取》，看到这样一段话："懒惰是很奇怪的东西，它使你以为那是安逸，是休息，是福气；但实际上它所给你的是无聊，是倦怠，是消沉；它剥夺你对前途的希望，使你心胸日渐狭窄，对人生也越来越怀疑。"我如梦初醒般，端正坐姿，翻开习题，专心致志地做起来。犹记那段时光，灯明至凌晨。而灯下，是我执笔奋战的身影。我再不敢偷懒，再不敢消耗时间，而是让自己彻底沉浸在这片苦海中，咬牙拼搏，甚至苦中作乐。这时，我方才领悟"惜时"是对自己负责，而不是刻意应付，无故偷懒。

如今，我身处于学业最关键之时。科目增多，难度提升，我手足无

措，没有足够的精力和时间做到面面俱到，于是我开始出现严重的偏科现象。在迷茫之时，我看到了《庄子·知北游》中这样一句话："人生天地之间，若白驹过隙，忽然而已。"人生一闪即逝，如白马穿过窄道，只不过一瞬间的事！时间很短，我们更要惜时，争分夺秒，将时间花在刀刃上！我恍然大悟：学习要对症下药，多分配一点时间给薄弱之处，而不是盲目地追求某一科目的完美！"惜时"不是毫无目的地争分夺秒，而是看清局势，合理安排，再去与时间赛跑！

对于"惜时"，我从幼时所理解的珍惜早晨，到小学毕业时所明白的"不懈怠"，再至今时所认知的"合理分配"。仔细想来，我发现我的成长，一直得益于经典的启迪。成长之路，注定坎坷，但幸好，我有书香为伴。书籍于我，亦师亦友。无聊苦闷时，书中的字里行间给予我无声的陪伴；迷茫困扰时，珍藏于文字后的哲理引领我找到正确的方向。

岁月悠悠，典籍相随，于是我不惧前路黑暗，而是随着那缱绻的书香，一往无前！

指导老师：黄冬琴

点评

读书贵在理解，是为"知"；难在应用，是为"行"。文中所写的三个片段表现了"书香"对"我"的滋养，使"我"知行合一，走出困境，得以成长。三个片段以时间为序，也以对"惜时"的理解为序，更以自己克服成长路上的困难为序，一线贯通，有条不紊，逐层深入。名句来自名著，信手拈来，毫不费力，用时不觉生硬，足见读书需先破万卷，精读，深读，吸纳别人的思想，提升自己的智慧，然后才能将人家的经典论述融入自己的叙事抒情，与自己的议论同声同气。

香菱教我学唱歌

程薛仔

南京市雨花台中学初二（12）班

"吹灭读书灯，一身都是月。"澄澈的琼华从窗口泻下，款款落于我的肩头。我轻轻合上《红楼梦》，回味着"香菱学诗"一章，不禁感叹：香菱，你是我的老师。

那个夜晚，毫无睡意，我一边翻着歌谱一边苦恼着……歌唱比赛又失败了，泪水在眼眶里打转。突然，门开了，妈妈走了进来，见我一脸悲伤，便坐在我身边，说："你不是正要读《红楼梦》吗？先读'香菱学诗'那几章吧！好好读读，会有收获的。"

翻至"香菱学诗"，我读到了一个小姑娘踔厉奋发，苦志学诗的故事。香菱先是找宝钗教她，宝钗拒绝了她。于是她又找黛玉，没想到一向高冷的黛玉竟用炽热的心肠承接住了香菱的热切：你敢学，我就敢教。香菱拿了黛玉嘱咐细看的诗，回到蘅芜院中，诸事不管，只向灯下一首首读起来。宝钗数次催她睡觉，她坚持不睡，茶饭无心，坐卧不定。她一直坚定不移地钻研，甚至连房也不入，只在池边树下，或坐在石头上出神，或蹲在地上抠地，来往的人都诧异。自己走至阶下竹前，挖心搜胆，耳不旁听，目不别视，完全沉浸其中。香菱苦志学诗，精血诚聚，忽于梦中得了八句。读到这，我心平静了下来。

我抬头看向妈妈。妈妈笑着看我。

"她是如何做到的？"妈妈问。

"坚持?"我迟疑地反问道。

"是啊，坚持，香菱将所有的精力都放在了这件事上，看上去是一个痴儿，但是，她成功了，不是吗?"

香菱学诗的过程是刻苦勤勉的，她经历了呆、疯、魔、仙四个阶段。香菱进步如此之大，不仅是因为香菱天资聪慧，还要归功于她苦志学诗的决心，不惧失败的热情，持之以恒的毅力。正是"天下无难事，只怕有心人"。正如同一只将蝉蜕丢在身后的小知了，尽管娇弱，却依然努力抖动着薄纱翅膀，吸吮着生活的养分，顺着生命的树干慢慢坚持攀缘而上。

"如果你要在比赛中达到更高的程度，拿到更好的名次，就必须把这种坚持的干劲和激情都投进去，只有这样才能收获成功。"

我若有所思，心情豁然开朗。

歌唱练习仍是那么枯燥，但我却不再烦躁，因为我懂得了坚持。静下心，气沉丹田，想象自己是一根中空的竹子，让胸腔与头腔共鸣，让声音贴着后咽壁上升，绕过后颅，最后打在眉心，用气息包裹每一个音符……阳光透过镂空细花的窗棂洒下，被筛成了一片片淡黄与灰白，盈满天地间的空虚。终于，我获得了歌唱比赛的一等奖。

"千淘万漉虽辛苦，吹尽狂沙始到金。"坚持学诗的香菱打动了我的心，她教我懂得了坚持的意义。我看向奖状，又转头看向书桌上一直陪伴我的《红楼梦》，笑了起来。

我一直坚信，一本好书不是用来读，而是用来品的。从书中品出的真谛，无论经历风雨怎样的洗涤，都不会褪色……我感觉香菱在用行动与我对话，无言的启迪如同涓涓细流流入饥渴的心田，滋润着我的成长。

指导老师：葛　磊

点评

香菱苦志学诗,在《红楼梦》中不过是一个小小插曲,但是正如鲁迅所言:"同是一部《红楼梦》,单是命意,就因读者的眼光而有种种。"名著如宝矿,其价值取之不尽、用之不竭。小作者没有趋同从众,没有只把眼光放在主要人物、主要情节上,而是截取巨著中的一小片,从中汲取对自己最有意义的养分,并用它来指导自己的生活,可谓善读书也。

关于"蝉蜕"和"练声"的描写,细腻真切,如诗如画,令人过目难忘。精彩的细节为一篇好文章加分。

这样的守护很中国
——读《我心归处是敦煌》有感

徐子悠

兴化市昭阳湖初级中学初二（27）班

> 历史是脆弱的，因为她被写在了纸上，画在了墙上；历史又是坚强的，因为总有一批人愿意守护历史的真实，希望她永不磨灭。
>
> ——题记

"白雁西风紫塞，皂雕落日黄沙。"鸣沙山下、宕泉河边，莫高窟静静伫立。崖壁上735个石窟，诉说着千年的时光，诉说着一代又一代莫高窟人用青春和生命诠释的"坚守大漠、勇于担当、甘于奉献、开拓进取"的"莫高精神"。

在《我心归处是敦煌》一书中，"敦煌女儿"樊锦诗用平实的语言、真挚的情感亲述了几代莫高人的担当，亲述了自己50多年坚守大漠，守护敦煌，向世界展现中国传统艺术之美的动人故事。读来让我无限崇敬，顶礼膜拜。

樊锦诗，得过小儿麻痹症，因此她的腿脚一直不太灵便。她就用这样不灵便的腿脚，从热闹繁华的都市走向遥远荒凉的塞北。住土屋，睡土炕，吃粗粮，喝咸水。没有电力，没有卫生设备，没有交通工具……艰苦的条件让她动摇过，可是，当深入了解到敦煌石窟的价值和意义，她突然意识到，敦煌莫高窟这历经千年的中华文化，需要她这样的守护者；前辈的智慧结晶，需要她这样的守护者。于是，清除积沙，考察洞窟，加固洞窟，修复壁画，记录报告等成了樊锦诗每天工作的常态。就这样，樊锦诗用不太灵便的腿脚丈量了敦煌一寸一寸的土地，踏亮了敦煌一个一个洞窟，让沉睡千年的彩绘、壁画等艺术文化得以重现。

热爱高于一切，守护初心不变。因着这份热爱，樊锦诗与丈夫分居两地19年，与两个孩子长年不能相见。因着这份热爱，1998年，当有关部门决定将敦煌莫高窟和某旅游公司"捆绑上市"时，樊锦诗殚精竭虑，多方奔走，最终扭转了莫高窟壁画被伤害的命运。她说："我一个年近八十的老人，怎么敢坚持这样的事情？因为我没有私心杂念，因为我热爱莫高窟，尽管莫高窟是个小地方，但是它对于中华民族的意义很重大……"

历经风雨，守护不变。数字媒体时代，樊锦诗不懈努力，终于让"数字敦煌"正式上线。"数字敦煌"很好地保存了古代精美的传统艺术，让全球轻松地观看整个石窟，让世界注视泱泱华夏的灿烂文明。

半生沙漠为伴，五十七载大漠深居。这是什么精神？这是"舍身饲虎"的精神，具有这种精神的何止樊锦诗一人呢！敦煌研究所第一任院长常书鸿、第二任院长段文杰，他们筚路蓝缕，开基创业，历经坎坷艰辛。年轻的雕塑家李仁章，还有许安、霍熙亮先生等"莫高窟人"，因为落后的医疗条件，不幸长眠于此，魂归大漠。但，莫高窟是他们无悔的选择。

超越世俗的名利，在困境中保持从容。几十年如一日，以守一不移的心态应对快速发展的世界和外界的诱惑。像唐僧取经一样，矢志不渝地保护、研究、宣传莫高窟。这是深入骨髓的民族情结，这是中国千百年来儒家文化的最好体现，这是吾辈青年学子当勉力效仿的精神高度。

在中华民族几千年的文明史中，这样的守护并不鲜见。

我想起了宋代词人李清照在颠沛流离中依然带着文物辗转的辛酸，我想起了浙江宁波明代范钦的私家藏书楼天一阁的磨难，我想起了民国才女林徽因竭力阻止拆毁北京古城墙的壮举，我想起了……

守护历史、勇于担当、甘于奉献、敢于自我牺牲的各行各业的"莫高窟人",为中华民族带来无上的荣光。他们和我们这些仰视他们的后辈一样,有一个共同的名字——中国。

指导老师:吴海霞

点评

激情涌动是本文的最大的特点。从介绍和理解一本书《我心归处是敦煌》开始,展开对一种精神的讴歌。这种精神是以樊锦诗为代表的"莫高窟人"的精神,更是中华文化映照下的勇于担当、甘于奉献、敢于牺牲的中华儿女精神。小作者既深入分析,又善于联想,从书里写到书外,从前贤写到后辈自身,以当代青年人的炽热情怀向书中的榜样遥遥致意,情感充沛,极具感染力。

文末收束,画龙点睛,且与文题呼应。中国者,中国人也,有中国精神的中国人的集合也。"中国"的词性变化、词意拓展,均是匠心所在,值得再三回味。

最后的胜利者

孙　宁

盐城市鹿鸣路初级中学初一（19）班

　　我只能看到老人的侧脸，硬挺的鼻弓，一如他坚毅的精神，深邃的双眼，似乎能洞悉灵魂，尤其是那忧郁又坚定的瞳眸，如海洋般的神秘。雨丝如刀片，扰人心神，敲击灵魂，直直地击打老人饱经风霜的脸庞，却终将成为坚定意志的败将。

　　几年前的一次，偶然间，瞟到书店墙上的这张海报。看上去有些年头，纸的边缘早已翘起，泛着光阴的黄。但是这充满力量感的画面让我屏住了呼吸，冥冥之中，被其深深吸引。"请问，还有这本书吗？"店主人忙于手头的事，匆匆抬头："啊，你说的是《老人与海》吧。就在书架上，自己找吧。"目光来回扫视，忽然，视线定格，不会错了，一定就是那本——有着如大海般蔚蓝的封面。

　　我如同信徒捧着圣物，小心地捧着，它似乎有神奇的力量，仅仅是捧着，就觉得有种无以名状的力量贯穿身体。它让我忘却了忧伤，忘却了放弃的痛苦。我缓缓翻开书页，手指感受着书页微带颗粒感的质感，拼命汲取书本独有的香气。一切的一切，都给予童年的我极大震撼。

　　贪婪地浏览，目光所及之处，看到了这么一句话："一个人可以被消灭，但不可以被打败。"是怎么样的故事能支撑起这样的誓言？又到底是何种精神推动着老人前行？

　　阅读的过程揭开了谜底。老人圣地亚哥不在意他人审判的目光，对旁

观者的奚落视若无睹，让我钦佩；老人拼命与大鱼周旋数天，忍受太阳的暴晒，忍受身体的疼痛，以顽强的毅力坚持到最后，让我赞叹；老人即使精疲力尽，遇到鲨鱼的围攻，依然毫不退缩，迎难而上，与困难抗争到底，让我动容！

钦佩、崇敬、叹为观止，都无法来赞美老人强大的心理和与命运抗争到底的决心。多么伟大！多么了不起！执着的魄力，不达目标誓死不休的精神，岂是人人能做到？却是人人梦寐以求的。

想到自己，在与老人强烈的对比下，只感羞愧。面对自己深爱的绘画，只是一些小挫折便阻挡了前进的道路，便想着放弃……不，不能如此！我要重拾对绘画的激情，即便前途"山重水复"。老人坚定的神情，给了我坚持的动力。

一晃数年，而今的我仍在坚持自己的所爱。遇到困难时，常会重新翻阅这本书。每一次翻阅中，都有更多的感悟。在敬佩老人的乐观、顽强之余，我想：那条大马林鱼就一无是处吗？毫无疑问，它是一条智慧、不服输的鱼。当它被老人捕获时，它的心中可有死的悲寂？可曾在内心中咆哮上天的不公？我想是一定的，但它无以言表，只能用无声的行动和老人抗争到底。在时间的流逝中，它可曾绝望？是啊，它不甘心，哪怕到最后一秒，它也誓死不从。就是这样一条大鱼，哪怕被鲨鱼吞食，哪怕庞大的骨架被人遗忘，它从未失败，它和老人都是最后的胜利者。

望着窗外，冬日的冰霜正在渐渐消融，点点绿意昭示着春日的复苏。我也曾不被人看好，不被人注意，那种挫败、那种自卑，让我如临深渊。可大马林鱼坚韧的品质，赋予了我勇气和坚持的动力。就像草芽面对覆顶的冰雪，冲破它，才有春天。就这样不管不顾，迎难而上吧，哪怕最后摧折在冰雪中。

有人说，失败者是可悲的。我不认同。不论在老人与大鱼的身上，还是在实际生活中，勇敢拼搏的才是胜利者，为理想坚持到最后的心是永恒的。虽败犹胜，虽败犹荣。

感谢《老人与海》这本书，它给予我的不仅是深蓝的想象，更是灵魂上的慰藉和心灵上的成长。

指导老师：唐　阅

点评

一般人读《老人与海》，通常只赞美圣地亚哥。小作者不仅赞美圣地亚哥，还赞美他的手下败将——大马林鱼。因为小作者觉得他们都有不服输的精神，都与命运抗争到了最后。对"胜利者"，作者进行了自己的解读，赋予它饱含哲学意味的内涵。在经典阅读的过程中，小作者不做信息的被动接纳者，不人云亦云，难能可贵！带着思考读书，读出自己的心得，才能如小作者所说，获得"灵魂上的慰藉和心灵上的成长"。

文笔饱含感情，尤其是关于大马林鱼的那段描写，连续的几个问句，恳切沉痛，真挚感人。

读书与傲慢的不等式

戴宇翔
扬中市第一中学初二（4）班

我很小的时候，母亲就教我读书。家里到处是一排排的书籍，处处氤氲着书的芬芳。

我先读带注音的童话。我读了《小红帽》，脑中浮现了狼与小红帽激烈斗争的场面，在母亲的倾情讲述下，我也沉溺进了那个虚幻的空间里，与那个小孩一同胆战，一同心惊。后来，我又读起了成语故事，明白了"凿壁偷光"的辛勤努力，感受了"卧薪尝胆"的忍辱负重，感叹"负荆请罪"的清高品质。

再后来，我开始对语言有了一种蒙胧又亲切的感觉。于是我开始读起了散文。我先读了汪曾祺，与他一同广历祖国大好河山，尝遍山珍海味；又读了林清玄与季羡林先生的散文。在他们笔下，我知道了"人间有味是清欢"的畅快达观的人生态度，为之感慨。

我的博览使我得到了无尽的褒扬，于是我凝视着同龄人的天真，竟开始觉得他们幼稚而可笑。我走路的姿势开始飘飘然，我的双眼开始俯视，我总把自己放在一个高台。我渐渐被小伙伴孤立。

于是我开始重新审视自己的过去，思考人生的意义。书，依然是我的救赎。

我读到了莎士比亚，他于《仲夏夜之梦》中写道："华丽的金钻，耀眼的珠光，为你赢得了女皇般虚妄的想象。岂知你的周遭，只剩下势利的毒，傲慢的香——撩人也杀人的芳香。"我惘然，过去的我是井底之蛙，当我跳出了井时，我看到了偌大的蓝天，宽阔的原野。于是我变成了一只池中之蛙。我开始看不起井蛙，殊不知池外有河，河外有湖，湖会汇入大海，大海却也不过是无垠宇宙中的一粒微尘。"寄蜉蝣于天地，渺沧海之一粟，哀吾生之须臾，羡长江之无穷。挟飞仙以遨游，抱明月而长终。"无论是故步自封的自傲，抑或是见多识广的炫耀，都是无知的一种体现，只不过是硬币的两面罢了。

偶然间，我读到了苏轼的传记。他年少时，恃才傲物，从而触到了他人的逆鳞，被一桩莫须有的乌台诗案一路贬至黄州。可在那里，经历了短暂的沉沦，他开启了崭新的生活。在囊中羞涩之时，他"一斗钱做五分用"，在拮据的生活中，还能以省下的钱与友人饮酒作乐，实是让人钦佩。"一蓑烟雨任平生"，他才华依旧，但已经视天下人为朋友，回想自己与农人的交游，他说"人间有味是清欢"。小隐隐于山林，大隐匿于市井。真正学识渊博的人，往往会亲于小民，融入凡尘——但这并不影响他的清高与超凡。

当我蜕去了骄傲的外壳，赫然发现，原来过去被我的优越感所掩埋的人间，才是真正的美好所在。

有人说："生活不止眼前的苟且，还有诗和远方。"或许诗和远方并不客观存在，但它却可被我们放进心里，成为一种主观的寄托。它或许永远到达不了那个终点，可它会无限趋近于那个终点，而这之中的媒介，便是读书、行路。

刘慈欣在《三体》中写道："弱小和无知不是生存的障碍，傲慢才是。"读万卷书，行万里路，便是打破偏见，放下傲慢的一个过程。

读书不能成为优越感爆棚的理由，褪去"傲慢与偏见"的无知与青涩，世界会焕然一新；解开了这个人生的不等式，视野会倏然明朗。

指导老师：何　军

点评

　　题目拟得很好，精巧有新意，很吸引人，也巧妙地点明了主旨。烦恼与伤痛因读书而起，又在读书中化解。书本无辜，困扰心智的是读书的心态。以傲慢之心占有知识，知识便是伤人与自伤的利器。放下傲慢，会发现更美的诗与远方。这一番因读书而走过的曲折心路历程，在同龄人中并不多见。以此入文，选材具有独特性。自陈"疼痛的领悟"，展现了过人的勇气和珍贵的诚恳。正因读书多，积累厚，全文引用诗文、典故较多，语言格调雅致。尤其是关于井蛙的那一段思考，迷惘中蕴含着深沉，思考深度远远超出了同龄人。

再见，童年

孙欣旗

南京航空航天大学附属初级中学初一（9）班

"长亭外，古道边，芳草碧连天……"

冬阳下的骆驼队走过来，听见缓慢悦耳的铃声，看见稚嫩的孩童学着骆驼咀嚼的模样。

这是儿时我对《城南旧事》的最初的印象。阳光闯进屋里，我半眯着眼透过指缝去看，光有了形状，许多小小的尘埃在阳光里飞舞。妈妈将我搂在怀里，听我喃喃地撒娇，空气中飘浮着快乐温暖的气泡。

那时我真的好高兴，我能和书中的小英子一样享受童年美好。这是记忆里的一抹浓郁的书香，在此后成长的路上，都有她的陪伴。

再次与小英子相遇是我上小学时。

妈妈逼着我做计算、背古诗时，太爷总会不经意地走在院子里叫我帮他去打水浇花，搬花避阳，我才得以逃脱妈妈的学习指令。

妈妈对太爷埋怨道："您也太惯她了！她又不是小孩子了呀。"躲在老头后面的小孩做着鬼脸挑衅着，屁颠颠地跟前跟后。

太爷住的小院很小，养了兰花，但家中却很冷清。我坐在小木凳上托腮看着太爷浇花，穿白色唐装的小老头和洁白的兰花之间的界限越来越模糊。

在一个梅雨的下午，太爷去世了。大家都在哭，可是太爷貌似是不喜欢别人哭的，于是我没有哭。

太爷离去了，兰花便无人照看了吧。我再回小院里时，没有寻到它们的身影。

"奶奶，我太爷的兰花呢？"我向邻居的奶奶问来。

"那几盆都枯了，在墙根那边放着呢。"

我回眸看向墙根几盆枯萎的兰花，我心底的彷徨孤寂再也压不住，如雨后野草迅速蔓延。我就静静地望着它们……

"人生难得是欢聚，唯有离别多。"

在那以后，我变得很安静，对于妈妈的要求，我都去做。亲戚都夸我是最乖的，最懂事的孩子，连妈妈也会摸摸我的头说"妞妞长大了"。

就在这时，我又遇到了《城南旧事》，听到小英子站在石榴树下的默默念。小英子的童年在爸爸离去时悄然溜去，英子也成了小小的大人。恍然发觉，我也失去了童年时的一份天真，多了一些对未来的憧憬，和一份承担的责任。

前不久我又与英子相遇。在闲逸的午后我又翻开《城南旧事》，和英子共同回忆属于自己的童年：北平城南那斑驳的城墙，沉淀着历史的沧桑，沉浸在英子的故事之中，却又好像看到了自己的影子。此时的我在平淡甚至乏味的生活中，找到了那份童真。去上课的路边挑了一朵最可爱的小花取了名字，下次再路过时认出了她，便觉得很开心。童年的时光会离去，心灵的童年却可以永存。

翻开书页，又见童年。

指导老师：张 颖

点评

一篇淡雅的小文，文字朴素，情感含蓄。与《城南旧事》淡淡忧伤的格调有点接近，但总体上又明朗许多。叙事的线索是"回忆童年—告别童年—又见童年"，情感的变化则是"温馨—忧伤—欢快"。所以"再见童年"既可以理解为"再见了，童年"，也可以理解为"又见童年"。无论怎么理解，都体现了对童年的依依难舍。"我"的童年与英子的故事叠印交织，虚实相生。文末"前不久我又与英子相遇"打破了虚实界限，真是一句妙语。至于为"一朵最可爱的小花取了名字，下次再路过时认出了她"，这样诗意的行为和表达，正是童心的美好呈现，证明了"心灵的童年却可以永存"。

书香·黄昏

董沫含
江苏省淮阴中学（新城校区）初三（10）班

蝉鸣连绵，云雾袅袅，夕阳之下，岁月静好。

打我记事起，我的太奶就陪在我的身边，为我折纸船，讲《红楼梦》。每个黄昏，祖孙二人会端个小凳坐在院子里，一起看夕阳。夏日的黄昏，蝉鸣四起，红日为云彩披上了绚丽的裙装，飘飘荡荡，轻松惬意，亦如我手中的小纸船。耳边是太奶苍老而又平缓的声音，她给我讲大观园里姐妹们的趣事，结诗社，赏菊吃蟹，看戏听曲……年纪尚小的我听得懵懵懂懂，但对书的热爱已经在心中悄悄扎根。这时光美好得仿佛被按下了暂停键，我以为太奶会一直陪我坐在黄昏里讲她心爱的《红楼梦》，明天，后天，永远。

"轰！"天边响起一声炸雷，为我带来了太奶去世的噩耗！我几乎是用跑的姿态挤过层层人群，借自己娇小的身体在大人中钻出一个空隙，钻到人群的前方，与那张熟悉却又陌生的灰白照片撞个满怀，我怎么也不愿意相信前天还把我搂在怀里的人，现在却被塞在一个小盒子里，与我阴阳两隔，约定好的"永远"成了"过去"，那些书香氤氲的黄昏随着纸船飘向远方。那一天，我在墓前立了许久，泪水伴随着倾盆而下的大雨流入土地，飘到那个太奶还未讲完的红楼世界。

晃晃荡荡又十年，这十年间我又经历过分离和告别，也一次次独自走进书香世界，每当我读到主角的生离死别，美好事物悄然逝去，都会忍不住潸然泪下。

搬家那天，又是一个金黄的黄昏，我翻出了一本落满灰尘的《红楼梦》，时光流转倒退，又回到了小时候的黄昏，那个一切开始的地方。

我翻开书，光影斑驳中看到了那个少年的身影，出生含玉，家人疼爱，赐其名为宝玉。在这个繁华殷实的贾家，有祖母疼爱，姐妹相陪，后来更是来了个如天仙般的林妹妹，他的生活可谓是顺风顺水，万事无忧，想必他可能也会沉溺于眼前盛景，天真地认为永远都会这样。奈何好景不常在，好事不久留，家道中落，贾家大厦将倾，自己也得了疯病，痴痴傻傻。我叹息，我何尝不像他一样，留恋眼前的美景良辰，不愿接受离别，不愿相信消逝，逃避现实，留恋过去。心爱的林妹妹在自己大婚之日香消玉殒，一喜一悲的强烈对比令人心碎，当宝玉得知一切时，来到潇湘馆号啕大哭，哭自己成仙的妹妹，悲切凄凉。我亦在书外泪眼蒙眬，悲那宝黛阴阳两隔，悲那美好易逝，悲那如黄昏般将要消散的贾家，悲曾经的我也和他一样，看不透生死，也逃不出忧伤，我又何尝不是那个"呆雁"呢？

光影斑驳，书页轻舞，恍惚间，大雪飘飞，一身影在其中若隐若现，他已经看透了红尘，看破了繁华背后也藏匿着凄凉。想必也是在某个黄昏，他从繁华的假象中走出，明白了美好温馨的黄昏也预示着结束，大梦初醒矣。

书卷翻到结尾，一切都归于空寂，而我的内心却似波涛般汹涌起伏。《红楼梦》里有那么多的悲伤，可是，太奶讲给我听的故事全都是欢乐。

原来，世间万物，盛极而衰，月盈则亏。好好珍惜和珍藏那些美好，就是面对衰退与分别的最佳态度。

黄昏中的书香萦绕在我的童年，书香中的黄昏映照在我心底。多年过后，这书香又在一个黄昏为我揭开了太奶当年想告诉我的人生奥秘。

指导老师：陈 瑶

点评

最动人处是小作者将自己与宝玉相比较,在宝玉的悲情中读出了自己的伤怀,在宝玉的痴傻中发觉自己的局限,问自己"何尝不是那个'呆雁'呢?"。这算是"读进去""见自己"了。但仅读到这一层次是不够的,所以小作者又"读出来""见天地",从名著中提炼出人生的奥义。至此,文章上升到一个新的高度。

以对太奶的思念为依托,引出对人生的思考,构思有设计感。"黄昏"在文中反复出现,是环境描写,也是一个重要的意象,寓意美好的短暂易逝,同时也在文中营造了一种温馨而伤感的氛围。

追梦

张 洁

盐城市金丰路初级中学初一（1）班

清晨的第一缕阳光吹散了停留在天边的黑暗，又将光明撒向这个仍在酣睡中的世界。风小心翼翼地从窗隙间挤入，望向凌乱的书桌，她叹了口气，轻轻地落到一本书上，歪了歪头，她望向纸张，看见上面用幼稚的笔迹歪歪扭扭地写着两个字：追梦。

在图书馆中我费劲地踮着脚，终于够到了架子最上面的那本书——《明朝那些事儿》，我抱住它，找到凳子坐下，我凝望着它，轻轻地抚摸着封面。这是我和它的第一次相遇，而它也将带着一身的故事缓缓地迈向我，惊艳我，融入我。

翻开书，映入眼帘的是朱元璋——明朝的开国皇帝，随着书页的堆积，我跟随着文字，看着他白手起家，依靠着自己从跌宕中、漂泊中一步步地踏上了这条充满艰险的成功之路，成了万人之上的统治者，他管理着这个国家，开启了新的朝代，将这个古老的帝国带进新的章节，努力走向他梦想的繁荣与昌盛。这时身为读者的我不禁为他浓墨重彩的一生而倍感惊奇：他居然可以从一只破碗到万里江山，从布衣到黄袍，从无依无靠的乞丐到名扬千古的帝王，最终登上历史的舞台。他完成了一个草根堪称完美的逆袭，同时将自己传奇的经历和大刀阔斧发展的决心留给了后代去慨叹。

为什么他能做到？因为他为了梦想赴汤蹈火，舍生忘死。

慢慢地，我沉默地放下了书，想到了自己。

就在刚刚，我和同学交换纸条，上面写着的是两人各自的梦想，她看了我的纸条之后愣了一下，语气中带着些不可置信。"你的梦想……"她喃喃道。我闻声抬了头，望向了她："怎么了？"

"你的梦想怎么会是当作家啊？"她小心又坚定地劝说我，"这个梦想很难实现的……你要不要考虑一下？换一个？"想了想，她又低下了头，可能觉得自己没太多立场管这件事，但又加了一句："我也是为你好啊。"说完，她急急地抬头，有些紧张地盯向我，生怕惹我不高兴。

我笑了笑，轻松地说："这只是一个梦想啊，只是我想要，而不是一定要做到啊。"她松了一口气，拍拍自己说："我还以为你会生气呢。"我摇摇头，起身离开，因为我不敢待太久，担心自己会控制不住自己的情绪。

我离开了教室，去了图书馆，一眼就看到了书架最上面有些落灰的《明朝那些事儿》。望着望着，不知为何我踮起了脚，伸着手尝试着去够这套书。于是，就有了刚才那使我大为震撼的阅读。

回了回神，我抬手抚平了书页，很轻很轻，生怕打扰了那沉睡的过去。突然，我看到了自己口袋中的一张被折叠的纸张，我带着好奇抽出并打开了它，细细地望着，上面用幼稚的笔迹认真地写着很长一段话：

"其实我想了想才发现，原来在这个略显拥挤的世界中，我在里面的存在只不过是茫茫大海中一只小小帆船的驾驶员罢了，而且在这片海域中并不引人注目，但我同样也要小心翼翼地驾驶。因为天有不测风云，我必须要保护好自己，保护好我的船，大海茫无际涯，充满未知，也充满魅力。我在海上漂流的期间也遇到了许多别的帆船，那些驾驶员个性不一，有的开朗活泼，有的却习惯沉闷，有的胆小怕事，有的却敢作敢当，有的轻浮，有的稳重，有的脆弱，有的坚强，有的在我生命中留下了永远的痕迹，有的却跟我只是一面之缘，但是，我们都有一个共同点——都在尽全力地在保护着自己，保护着自己的船。"

我怔住了，呆呆地看着，这段话看起来没头没尾的，但我却明白，这张纸条是我当作家的梦想第一次被怀疑时写下的，而船代表的是我想当作家的梦。

猛地，一阵风闯入，她有些蛮横胡乱地翻了翻书页，我连忙按上书本，目光却无意间扫到上面的一句话：历经磨难，矢志不移。

我久久地凝望着这段话，对啊，这是我的梦想啊，是我默默坚持了很久，很久，很久的梦想啊，这种事，怎么能轻易地改变呢？

我合上了书，将它放回原处，攥着那张纸，大步地走了出去……

当夜晚的第一缕月光挤入窗隙，望向整齐的书桌时，她小小地惊讶了一下，但很快调整过来，优雅地飘到桌边，歪了歪头，她望向纸张，看见上面用清秀的笔迹认认真真地写着两个字：追梦。

指导老师：周以红

点评

开头结尾写得很俏皮，很生动，也很巧妙。拟人化的阳光、晨风、月光是"我"的观察者，那小纸条上的字迹暴露了"我"的心绪，清晨字迹歪歪扭扭，夜晚字迹认认真真，表明经过这一天，"我"的想法从犹豫变为坚定。同样，凌乱的书桌经过一天，变得整齐，说明"我"已经在为作家梦做准备了。这些意在言外的表达，表现了小作者高明的写作技巧。

文章巧设波折，以小伙伴的不赞成反衬了"我"梦想实现之难，突出阅读给"我"的信心和力量，表现了阅读对"我"成长的助力。

二等奖

犹是园外人

王雨嘉
太仓市第一中学初二（8）班

我固执地将所读过之处称之为成长。

我小，以读窥得沧桑暮年之感叹；我长，以读念年少时之倔强轻狂。我读，我爱那一字一句一分一秒。

"开辟鸿蒙，谁为情种……"警幻仙子的一曲叩开了我阅读古典文学的大门。幼时的我，想象着"千红一窟"和"群芳髓"滋味会是如何，悄无声息，大观园里弥漫出的茶酒花香，竟自那时开始浸润入骨。

"红楼"二字令古今众人魂牵梦萦，评述作解者不计其数。《红楼梦》像一个诗与梦的意象，往那时的黑暗里砸开一光口，在今天人们的心上留下一段曲。

海棠诗社，是我对典雅诗词最初的向往。即使我们在语文课本上诵读过不少经典诗词，但却很难从单纯的字句中体会到诗词的美。元妃省亲时，各兄弟姊妹初展诗才，曹公不辞辛苦地让这些儿女为大观园院匾作咏。书中人不过十一二岁，却有着令人惊叹的才华。省亲时曹公直写黛玉"不尽兴"，那么之后的海棠诗社便是给她，也给众人一次尽兴的好机会。"偷来梨蕊三分白，借得梅花一缕魂"，梦甜香燃尽的余香仿佛悠悠荡到了书外，一个幼童初次窥见了诗词的楼阁，急不可耐想要拾级而上。直到如今，我还是像"慕雅女苦吟诗"的香菱一般，过去看作负担的唐诗宋词，我却乐意时常捧起，仿佛只有诗词才能让我找到通向那个芦雪亭的小径。

"高山仰止，景行行止。虽不能至，心向往之。"潇湘妃子也好，蘅芜君也好，她们的一吟一咏透过书页，跨越时空，把钢筋水泥林里的现代人重新引进古典诗词文学中，若不是她们，我不会去看诗三百；若不是她们，我不明白什么是明月夜；若不是她们，从此我见过的美景只剩点赞，而不是"沁梅香可嚼，淋竹醉堪调"。

　　秋窗风雨，是我对人性之美迟来的领悟。不知有多少人在无数的"真相"面前渐渐抛弃了对爱与美的信仰，以人世险恶为名，自己也坠入一个自私自利的轮回。《红楼梦》最打动我的一回是什么呢？不是葬花，不是晴雯玉殒，是风雨夕中黛玉、宝钗二人互剖金兰语。黛玉说："从前别人说你好我总不听，如今才知你是真心待人好。"黛玉父母双亡，大观园虽好，寄人篱下终究是"风刀霜剑严相逼"。但她们仍有一颗赤子之心，宝钗说了许多掏心话，二人嫌隙才真正解开。再是敏感，也终于敢放下心防去接纳他人。蒋勋先生说红楼中人是美的，她们的人性是美的，而这一些赤诚，也将是或早已是我去面对人生中一切黑暗的盔甲，也给我以精神屏障。

　　妙玉自称槛外人，至此我便称自己是园外人吧。虽不能至，心向往之。

　　"我拼命成长，以读寻找港湾。"滚烫的馨香淹没过稻草人的胸膛，草扎的灵魂，从此万寿无疆。

指导老师：李润于

点评

　　文章写得很美，用词典雅，句式整齐，段落之间逻辑严密，布局精巧。例如，"我小，以读窥得沧桑暮年之感惑；我长，以读念年少时之倔强轻狂。我读，我爱那一字一句一分一秒。"这样的句子体

现了小作者过人的语感。"窥""念"精准有力,"小""长"凝练简洁;三个句子短句长句相间,形式优美;长句中加一个"之",舒缓语气,读来不觉局促,音韵更和谐。文中的句段,有两两并列,有三句排比,观之工整悦目,读之朗朗上口。文题和结尾巧妙用典,意蕴深长。自称"园外人",是谦虚地表示自己读书尚未入门,而"万寿无疆"的表达,意为即使是稻草人的灵魂,经过书香的浸润,也会不朽。

过火后的光明

史慧妍

靖江市实验学校初一（7）班

> 遇见你前，迷失、沉沦；遇见后，前途一片光明。
>
> ——题记

演讲台上的灯光向我聚焦，我结结巴巴，迟迟不开口，脑海中浮现出曾经的阴影——那年冬，我参加一个重要的演讲比赛，但在讲到高潮时却突然忘稿，只感觉到额头上不断渗出汗珠，但脑海中却只是空白，观众们不住地摇头，身边也传来阵阵嘲讽声。是的，从那时起，我沉沦于迷茫，毫无方向，便也就这样厌倦了灯光向我聚焦的瞬间。

我漫步在街上，不觉有些冷清，两边的人行道上还残留着昨夜冬雨的痕迹。间或有一片片发黄的树叶落在地上，脚踏上去有柔软的触感。冬天的阴霾又一次袭来，远远的树影及阴云间，风在席卷着远方的冷空气。不禁感叹，降温真快啊。

想到那次演讲，又突然像是陷入了寒冰之中，像那上万年的寒冰凝结在地下的洞穴，看一眼就觉得寒冷。

回到房间，玻璃上，我呵出的热气凝结成水雾。只有感受到冬的萧索，才会知道春的可贵。我打开了暖风，房间里的温度在缓缓爬升。无意间瞥见书架一角，青蓝色的封面上镀了一层金色的流光，变得晶莹起来，我抽出书，看了标题，是《林清玄散文集》，随手翻几页，碰巧翻到一篇

《过火》，我给自己泡了一壶茶，看着高山乌龙茶叶在茶壶里翻滚，慢慢舒展开来。

清雅的香气一点点在房间内弥散开来。我怀着对题目的好奇，往下读去。

书中的林清玄忧郁、畏缩而软弱，他说："弟弟和我是攀爬而上的两种植物，弟弟是充满霸气的万年青，我则是脆弱易折的牵牛，两者虽交缠分不出面目，又是截然不同，万年青永远盎然充满炽盛的绿意，牵牛则开满阴郁的小花。"我静想：他和我何其相似，我们都没有勇气。窗外的枫叶又落了一片，飘落到我手上，我来到书中的世界。那时已是深秋了，相思树的叶子黄了，灰白的野草在秋风中杂乱地飞舞，两个少年在田野上狂奔，相拥痛哭。几乎是没有预兆的，他的幼弟走了，这使得他大病一场，更加沉默，心里布满了雾霭。缘似注定，我们都有童年的不堪过往。

后来，他的父母带他去过火，看着面前烧得猛烈的薪柴，听着噼噼啪啪的炸裂声，不可避免地，他畏惧了，他忽然看见弟弟的脸在血红的火堆中燃烧，想起爸爸撑着猎枪掉眼泪的面庞和他辛苦荷锄的身影，他猛地走进了火堆。风，吹得很急；火，烧得很旺，汗水和泪水滴在火上，一声"嗤"，一阵烟。他什么都看不见，仿佛陷进了一个神秘的围城，只听到远天深处传来他弟弟轻声的语言："走呀！走呀！"他不知它的尽处，相思林尽头的阳光亮起，脚下的火也浑然忘了。心中似有潺潺流水淌过，净化心灵……

这篇文章使我感觉整个世界充满安定的节拍。窗外冷空气还在肆虐，而房间内却有一层湿暖的橙色光晕。面前的茶还在冒着蒸汽，我的思绪在茶雾中变得若隐若现，正如人们所说，好书像夏天的红玫瑰、冬天的火炉一样美好，空气中的压力正在被逐渐释放，或许那时我的心就像是一条森林中弯弯的小径，薄雾隐藏着它，刺莓将它笼罩，而当我遇见你——《过火》后，就觉得整个世界一下子被点亮了，这是世界上所有美好的总和。

我看到小径的薄雾在一点点散去，那片森林的深处，隐隐约约露出什么闪闪发光的东西。

再次忆起林清玄带给我的成长，是在经历过现如今的一次演讲比赛之后。那一次已与先前不一样，因为《过火》，让我重拾信心，窗外的迷雾风雨，我早已无所畏惧，站在演讲台上熠熠生辉。我在一片灰白的厚厚云层之后找到了阳光，我拥有了看透云层的目光。

那天站在演讲台上，我感受到有一股很强的力量穿过了我的内心，我知道，那是《过火》。执着了一冬的寒风，渐渐消停下来，天气也因此有些微微地回暖了，我用余光瞥见窗外天空粉紫色的晚霞，也许是季节在悄然酝酿着更替，空气中有一种历经层层冰冻封锁，即将萌芽的植物的味道。

我在演讲台上大放光彩，语言畅快自然，一切都云淡风轻，带着温暖的余温。那次的迷失，终将是过去，我会将它擦去，像是一场云烟。最后，完美收场，干净利落。这次，将嘲讽取而代之的，是震天动地的掌声。

窗外，落日向着山峦的远方慢慢下落，余晖洒在那本书上，镀上一层淡淡的光，而我的内心，也充满光明，心怀感激，感谢我能与《过火》有一段缘分。

合上书，就这样站在窗边，一起看那天最绚烂的落日余晖，那光芒恋恋不舍，在书与我之间徘徊，融化了冬日的凛冽，但又使我在冬日充满热情，直到最后一抹霞光消失在远方，它才安然道别。

天地之间，芳香流动，我朝着那本书，会心一笑。

指导老师：何 波

点评

　　小作者极其擅长描写！一目十行或是二十行地迅速浏览本文，你会觉得这篇文章在发光发热，跃入眼帘的是"金色的流光""湿暖的橙色光晕""粉紫色晚霞""淡淡的光""绚烂的落日余晖"等，但逐字读来，又能读到"发黄的树叶""冬天的阴霾""远方的冷空气""万年的寒冰"等等渲染寒冷环境的词语。这些形容词和名词，细致入微地描写了冷暖两种不同的场景，形成了鲜明的对比，突出了《过火》对"我"的影响。请注意书名里的"火"，正是这"火"带给小作者暖与光，给小作者以力量，从而克服失败的阴影，赢得胜利。构思非常精巧！

书里书外

张润东
沭阳如东实验学校初二（14）班

冠冕锦衣不能越千年而书能，心扉之言难以口述而书能。翻开卷卷书籍，在字里行间追寻灵魂的诉说，虽置身现代亦能听得古战场厮杀声震天，虽置身户内亦能看得山海间涌浪拍石。

十岁的我坐在田垄上。田垄的那边，是麦地，刚冒芽的冬小麦泛着新绿。麦地的那边，是芦苇荡，迎着风涌动如浪。《青铜葵花》的故事在这片热土上发生。那是我第一次接触"苦难文学"：青铜一家织出一百双草鞋只为凑足葵花照相的钱；狂风骤雨卷飞了青铜家的棚屋；青铜捉来萤火虫照亮葵花课本上的每一个字；元旦日青铜用小木枝敲碎冰凌串成葵花在学校晚会上唯一的装饰品。在磨难中的人性温暖，让我曾为之流泪，让稚嫩的我知道"人为什么活"。

我走在十字街头，看平凡的人们穿街过巷奔碌不休，看平凡的人们打探着周围迈着步。《平凡的世界》里路遥说："每个人的生活同样也是一个世界，即使最平凡的人，也得要为他那个世界的存在而战斗。从这个意义上来讲，在这些平凡的世界里，也没有一天是平静的。"孙少安、孙少平一个扎根农村，一个走入城市；一个梦想改变乡村贫困面貌，一个力图用汗水换得新生活。书本之外，路遥的一生也是本书主旨的体现——他七岁时便被父亲因经济窘迫过继给伯父。路遥年幼时曾学狗叫以讨得一块白面馍，中考考得全县第二名后全村人凑出全部余粮供他上学，学习文学多年

后创作出《人生》，轰动全国。几年后，他再发疯似的完成了《平凡的世界》。近十年夜以继日的写作和极不规律的作息、不足以补充营养的餐饭，让路遥患上严重的肝病。1992年11月17日，四十二岁的路遥在西安的医院里停止呼吸。他用生命为文学殉道，用人生为平凡创作，诠释了"人该怎么活"。

翻开世界地图，其中右侧有一片大陆，称作"拉丁美洲"。最初发现这儿的人，是哥伦布。如若细究，"发现"一词本当指找到前人未曾见过的事物。无疑，被西方人"发现"那一刻始，拉丁美洲的人们就不会被视为人。几百年来的不断殖民与近现代帝国主义对此处的操控，使得"魔幻现实主义文学"诞生。《百年孤独》正是这类文学的代表。老何塞与乌尔苏拉的家族从兴起到终灭于人类最原始的欲望为止。作者丝毫不避讳性欲与哲学思想、宗教保守思想、激进民主思想和独裁思想的碰撞——家族的第一代夫妇便是近亲，几代兴亡后到第五代时，家族亡于近亲婚配的产物——带着猪尾巴的婴儿。家族兴衰更揭示拉丁美洲的历史命运：美洲土著、西班牙殖民者、独立政府、美国人。读完这本与中国传统文学风格大相径庭的书，我不禁思考：生命是什么？或，活着是什么？

结果很明确：不要堕落，不要无所作为，不要在世间留不下半点踪迹。读书，不正是"活着"的一种方式吗？

收起书卷，看看市井里人潮涌动，便有新的感悟：人潮里是一个个努力活着的生命。拿起书，去拜问别的生命；放下书，去创造实践自己的生命。书里书外，皆是生命的成长。

点评

文章思路清晰，主体部分三段分别提出了多个阅读思考问题：人为什么活？人该怎么活？生命是什么？或，活着是什么？这是很难回答的哲学问题，但是即使没有答案，思考和发问本身就很有价值。思考来自对中外名著的深度阅读。名著的内容很具体，但是小作者的问题很抽象，这说明阅读不仅激发了兴趣，唤醒了体验，还生成了思辨性、批判性的高阶思维。小作者试着自己给出了答案：让读书成为活着的一种方式。"拿起书，去拜问别的生命；放下书，去创造实践自己的生命。"精警之句，令人拍案叫绝！

有一位好友，有一种旅途

郑馨儿

苏州科技城外国语学校初二学森班

在成长的踽踽独行间，我逢着一位好友。

它话"旅途"之苦，却在挥笔衣袖下以字筑路，带领我通往旅途的彼岸，这个文化星球，这趟"文化苦旅"。

初读"旅途之苦"，翻开它的封面，如轻轻拨开渔夫的寂绿蓑衣，像是笼罩着挥之不去的烟雾浩渺，在小小的一叶扁舟之间，寂寂地站着一位老人。我低头数着圈圈涟漪，渴望在水波荡漾之间寻出老人的踪迹，却总是在迷雾飘散的那一刻茫然迷失方向，他仿佛在水一方，在水中央，亦远亦近，亦动亦静。我似乎不懂老人的"苦"，更不懂这本《文化苦旅》。

"旅途"的种子已经埋下，更需那字里行间喷涌的浸润与滋养，方能在成长途中并不孤单地前行万里。

再读"旅途之苦"，依稀记得是满怀期待地追寻老人的踪迹，仿佛在一幅宽大的白纸上作画，泼洒的笔墨是我的踪迹，游东游西，完成这一幅没有作者的中国画。刹那间，寂静的湖面涌出惊天大浪，老人的身影被吞没其间，幻化出一片片白雪，一片片永不化的白雪，这里是旅途中的历史阳关，是"劝君更尽一杯酒，西出阳关无故人"的历史阳关，眼下这才有泥沙拌和着的层层茅草，眼前这才有西北永远积着雪的群山。我沉醉在这幅美妙的画面中，不知归路，更不愿知归路。当我疑心为何积雪永不化时，老人悠悠前进，挥手间是历代文人的诗句，他再也不加言语，但我知道阳关俨然成为一种历史记忆，一种文化符号，一种镌刻在血液中的"雪花"，洁白难忘。

白雪纷飞，我又随着老人来到了那片东北大地，是从前的"宁古塔"，无数官吏恨之唾之弃之的"宁古塔"。他伫立在茫茫天地之间，不知不觉衣袖沾湿了，眉间凄冷了。透过老人的讲述，我看到了百年前无数个流放之人度过的痛苦的漆黑之夜，他们却在微光中创造了一个丰满的精神世界，他们创作，教书，在野蛮之地留下了文化的印记，永不息，永不灭。

我终于掀起老人的蓑衣，他带我去那片大漠下的莫高窟，见黄昏之中的百年故事，无奈地向运走文物的冗长车队呼喊，痛心地在沙漠中惋惜文化的掠夺。

我彻底窥见蓑衣下的老人，看清这趟"苦旅"，串联起那雪、那地、那漠的是文字与文化，俨然构成一幅版图，文字是历史谱写，图例由文化标注。我幡然醒悟，在与老人的文化之旅途中，总有一股力量，穿越千山万水，直达心底，是文化被掠夺后想要阻止的坚定，是文化如此丰厚的自信，这是东方独有的文化力量，而我正拥有着，它陪伴着我的成长。

老人渐渐消逝在视野，犹剩我在旅途中徘徊又不肯离去。我驾着从前的那叶扁舟，缓缓独行，我要在成长路上寻出自己的文化之路，用书铺，用书筑。

我愿用我短暂的生命贴一贴这文化星球的嶙峋一角。

与老人，我的这位好友。

指导老师：吴素芳

点评

拟人手法巧妙而纯熟，将《文化苦旅》比作一位神秘而友好的穿蓑衣的老人，令读者产生浓烈的好奇。比喻手法贯穿全文，用一程又一程艰辛的旅行，比喻一场又一场用心而动情的阅读。以老人讲述的方式介绍《文化苦旅》中的内容，使书中典型的人物与场景跃然纸上，立体而生动，让读者更清晰地感受《文化苦旅》的艺术魅力。阅读结束，老人离去，而阅读带给"我"的影响却持久而强烈，立志要"寻出自己的文化之路"，意味着要形成自己的独立思考。全文构思精巧，语言精美含蓄，耐人寻味。

感谢有你，陪我长大

薛湘岚

常州市武进区湖塘桥初级中学初二（20）班

"唉，又考这么差，该怎么向父母交代呢？"走在回家的路上，我暗自伤神。

那张满是红叉的数学试卷，让我觉得心中有说不出的痛，路旁的花似乎很艳，但我感觉到的只有刺眼；树上的鸟似乎很欢，但我感觉到的只是刺耳。

不知不觉，已经到了家门口，我深吸一口气，默默推开了家门。

"吱嘎——"映入眼帘的首先是桌子上色泽鲜艳红亮的红烧肉，平时的我肯定已是垂涎三尺，但此刻……妈妈从厨房里又端着另一盘菜出来，问道："这次考得怎么样，今天烧顿好吃的犒劳犒劳你哦。"

我面露难堪，羞愧万分，带着我的影子一起躲进房间，只留下我的余声："没考好，我不吃晚饭了。"坐在书桌前，看着眼前作业，我烦躁得静不下心来。随手翻开书桌上《西游记》，我想像往常那样，用书来平复内心。

抬眼望向门外时，发现妈妈在客厅一脸迷惑，与正在沙发上读报的爸爸目光对视。

"咳咳！"大约十多分钟后，猛听爸爸咳了两声，把正在聚精会神看书的我吓了一跳，我急忙把书收起来，心虚地看了一眼客厅。

爸爸小声地说："别慌，我不告诉妈妈，看书有什么不好啊。"我放下

了刚想收书的手，正襟危坐。爸爸盯着我的书，看见一行字：尸魔三戏唐三藏，圣僧恨逐美猴王。他笑了笑道："原来是在看这个，难怪这么入迷。小时候我也老看这个哩！"

随后房间里便又陷入了一阵沉默。还是爸爸先开了口："你是不是因为没考好才这样的？"我缓缓点了一下头。他仿佛解开了世界难题，朗声笑了起来："不会吧，你怎会因为这点小事就伤心成这样？"看着我的脸从伤感到疑惑，又继续道："你爸我小时候经历过的这种事情比你多了去了，难道这'三打白骨精'没能给你带来启发吗？"

我趴在书上，不敢抬头，都能闻到书散发的气味了，勉强点点头，回答道："当然有，我猜你肯定要说'我应该像孙悟空那样坚持不懈，就算被唐僧误解也坚持自己的想法，最后经过努力终于降伏白骨精。在学习上也是一样，就算考砸一次又怎么样，后面有的是机会。'对不对？不然还有什么道理呢？"

爸爸不知为何笑了起来，他说："你猜人家为什么是经典名著，那是因为有经典的道理啊！当然，以你现在的年纪，能悟出这种道理也挺棒了。但这么经典的一回，能告诉我们的还远不止这些。你看，读唐僧，你可以读出他的善良仁慈却迂腐无知；读猪八戒，你可以读出他的忠心耿耿却贪财好色；读孙悟空，你可以读出他的心浮气躁却敢作敢为……一本好书中的人物就应该有矛盾的点，那你从白骨精身上除了看到奸诈狡猾又能读出什么？"

我默默沉思片刻道："她为达目的不择手段，不会放弃？"

"哎，对了，但还有最重要的一点——"爸爸故作高深地说。

我心里默默打了个问号，想破了脑袋也没想出来。

"那就是，你应该多吃饭！"见我不解，爸爸又接着说，"白骨精想吃唐僧肉是为了长命百岁，你好好吃饭是为了身体倍儿棒，学习更棒！所以，快去吃晚饭！"

我哈哈大笑了起来，被同样哈哈大笑的爸爸拉到了餐桌边。

原来，一本好书，就如一杯茗茶，有人说它苦，觉得难以下咽；有人说它香，品得津津有味；有人说它妙，感到回味无穷……我品着这杯茗茶，就这样慢慢长大……

指导老师：贺一丹

点评

这篇文章的烟火气很足，朴实地记录了一个家庭生活场景，没有华丽的辞藻，没有深刻的哲思，但是生动的细节和富有个性的对话，刻画了富有个性的人物形象。妈妈的温柔体贴、爸爸的幽默和善解人意，让人过目难忘。看起来写得毫不费力，其实得益于小作者善于选材和剪裁，文字简练干净。"随手翻开书桌上《西游记》，我想像往常那样，用书来平复内心。"只这一句，已经暗示了自己平日爱看书的习惯，不必连篇累牍地写自己如何阅读，如何受益。少少许胜多多许。"感谢有你，陪我长大"，"你"是父母之爱，"你"是书卷之香。这样的相伴年华，都是欢乐时光，温馨记忆，怎么叫人不爱呢？

书友·书师

陶心怡

句容市华阳中学初三（1）班

近处，是喧嚣市尘霓虹灯下的路人；远处，是苍茫开阔荒郊野中的游子。

抬眼望，有张狂而强势的白虹穿破阴云；低头看，有温和而安静的溪流涓涓逝去——

这些是我读书前不曾感知的。

忆起与我相识的第一本图书——插图幼稚可爱，文字稚嫩易懂。幼年时候时间充足，于是母亲会捏着我稚嫩的手，指着那些插图，绘声绘色地讲故事。

我们从晚饭后开始读，一直读到天被墨色泼染，星星探出脑袋。直到楼下的谈笑声淡了，世界安静了。

我沉浸在书里，母亲沉浸在爱里。

许是因为这些温馨的记忆，我逐渐爱上了阅读，读书中的小小世界里，有主人公诸多有趣的经历。无聊时候我把角色当作自己的朋友，借着这么一些奇妙的故事，驱走忧愁烦扰。

长大些，受父亲工作的影响，我渐渐放下童话故事，逐渐热衷于红色系列。这些书籍书写着大情怀——浴血奋战下的艰苦卓绝、顾全大局的舍己为人……在痛心、悲伤、愤恨与自豪等复杂情绪的交织下，书中更多的是积极亢奋的爱国热情。

年轮转了数次，我步入初中，接触到不同种类的书籍。书籍依然丰富着我的精神世界。我看到不同的人经历着不同的人生，不同的人得出了不同的心得——有人在充满未知的迷途上手持利刃披荆斩棘，有人放空自我躺在宽阔的山脚平原上看日出日落，有人坐在高楼大厦眼前灯火通明——这都是我不曾见过的生活。

随着年龄增长，我读得更深，再次回顾曾经看过的书，突然发现自己仿佛真正看到了作者想展现的画面——

看，那手持利刃的人双手被荆棘割伤，可他目光坚定，直视远方。身前的障碍越来越少，他将泪水咽入腹中，自信地笑着践踏脚下的质疑，以最完美的姿态迎接成功。即使像《老人与海》中的那位老人一般用生命拼搏却只带回一副空的骨架，也已经完胜了几乎所有空虚怯懦的人们。

看，那躺在平原上的人心里装着自然与自由，随遇而安。初阳慢慢爬上了海平面，为无际的大海镀上粼粼金光。火红的太阳和他们的内心一样，远离了市井喧闹，对没有纷扰的生活满怀炽热与向往。

看，那高楼大厦中的人，透过厚重的玻璃看到灯火通明，其实光耀之下是成堆压力的压迫。不过，不同的心态决定了不同的人生——有的人压抑苦楚，迷茫于未来；有的人满怀激情，为了前程攀登。就如《杀死一只知更鸟》中律师的孩子，在流言蜚语与真相两者间徘徊，在不公与正义中挣扎，不断成长的同时，从来没有放弃对初衷的追求。

城市的夜晚繁华精致，而他们俯视着万家灯火。

于是，我被书中开阔的胸襟与广阔的眼界所折服，仿若找到知音——或许从这时候起，我才真正地爱上了阅读。

再往后，我开始在读书中加入了思虑，跳开作者的引导，对书籍产生思考、提出质疑——何为真正的公正？何为真正的正确？……面对一系列在不同书中有不同解答的问题，我开始产生自己的思考，做读书笔记，对作者的观点与自己理解汇总，打破常态，改变固有思维的认知。

曾经有老师说过，读书可以增添人的"冰雪之气"，这种气质是通过积淀而成、刻意效仿不来的。古人亦云"腹有诗书气自华"，因为这缕缕书香的陶冶，我也在慢慢地成长。

书为我友，书为我师。我好像明白了读书的意义。

指导老师：张　苗

点评

文章思路清晰，逻辑严密。自己阅读的进阶分为四个阶段来写，重点突出其中第二、三阶段。因为对同一问题的不同认识体现了思维的发展。先是概括写三个"有人"的情况，随后又以"看，那……的人……"领起三段更深层的描述与分析。气势酣畅，又饱含感情，富有感染力，这部分可算是本文的华彩乐章。小作者语言功底很好，善于描绘，三"看"的画面感很强。文中长句很多，但语法严谨，语流顺畅，读来丝毫不觉得滞涩。

书香伴我行

高楠熙
南京航空航天大学附属初级中学初一（9）班

我与你的邂逅，发生在一个我内心乌云翻涌的下午。

那一学期，我的成绩稳固上升，那时的我仿佛站在高山之巅，俯瞰自己一步步烙下的脚印，得意地感受着成功。可是，我却在那次期末考试被一股劲风吹落，又回到了山脚下。

放学在家，我无精打采地低垂着头，艰难地呼吸着压抑的空气。刺眼的灯光忽隐忽现，灿烂、彷徨的锋芒颤抖着，化为一道道利剑，仿佛不断刺伤划破我因考试失利而闷闷不乐的心，挑衅着我。我拿起一本不知道什么时候出现在家里的书，视线无神地落在黑色的小字上。

"锻炼钢铁要经过高温，然后急剧冷却的过程，只有经过淬火，它才会变得坚固，从而无所畏惧。"

我将这句话反复读了几遍，觉得心里有些不一样的感觉。

高山上的我宛如正经历着高温，被一次次成功陶醉得心浮气躁，接着便是一盆冷水，使我迅速坠入刺骨的水中，痛苦地洗去了这些燥热。过程中，会很痛苦，但只要经受住了这些，便可以涅槃重生一般拥有坚强的意志，飞跃的进步。

我将它记在心里，窒息的压抑感逐渐散去，头顶的灯光褪去了锋芒，我凋谢的心情又绽开了生命力极强的花朵。

我接着读下去。

学校无理地开除了保尔，他没有气馁，只是凭自己的努力工作，甚至希望分担妈妈的辛苦；他在工厂看到人性黑暗的一面，他没有打退堂鼓，努力提升自己去接近更干净的精神上层；他双腿瘫痪双目失明，仍没有一直悲伤颓废；他无法参与肉体上的搏斗革命，于是便投身精神革命中。正如书中结尾所说："铁环已经被砸碎，他拿起新的武器，重新回到战斗的行列，开始了新的生活。"

保尔在书中引导了许多人，他的故事也在书外引导了我。

这便是你第一次在我成长路上摔倒时将我扶起。

记得那是某年暑假刚结束的学期，我在暑假养成的晚睡晚起的习惯犹如深入骨髓的剧毒，使我连续几天上学迟到，就是改不回来。

"你要改一下你的坏习惯了，早就开学了。"面对父母老师的指责，我不以为意。

"改习惯太困难了，想要改掉一个毛病是很困难的，你要给我时间。"我不管三七二十一，总是推脱。

但这时，你宛如故意出现，我也百无聊赖地翻开了你，散漫的目光落在黑体字上。

保尔说："人应当支配习惯，而不能受习惯支配。否则，我们会得出什么样的结论呢？"

如梦初醒般的我突然集中注意力。

他接着又道："一个人如果不能改掉他的坏习惯，那么他就一文不值。"

我顿时脸红起来。

既然我不愿意承认自己是一文不值的，那么为什么不能改掉自己的坏习惯呢？

从那天起，我彻底改掉了晚睡晚起的坏习惯。一旦有其他坏习惯的苗子出现，我便用保尔的话来掐灭这念头。

这是你第二次引领我走上正确的道路。

一次又一次，你不断帮助我，我铭记于心，当我遇到困难时，你就化身一位饱经风霜的长者，语重心长地给予我人生的道理，用你所叙述的人物故事来激励我。我在你的帮助下，走着我的人生之路，从蹒跚学步，到走起来，再到跑起来。直到暮年时，我一定还会读起这本存储了太多回忆的书，回忆年少的懵懂与美好。

感谢你陪伴我成长。

指导老师：张　颖

点评

拟人手法用得好，通篇使用第二人称"你"，多处直接对话，显得亲切，暗扣"书香伴我成长"的"伴"。小作者擅长描写，开头的环境描写、心理描写细腻如绘，真切动人，写出了少年在挫折中的沮丧，为"你"及时雨般的扶助蓄势。小作者善于安排材料。"你"的前两次特别扶助性质相似，所以没有同样着力，而是一详一略，避免了重复。后面的"一次又一次"则更加概括，着重写扶助的效果，突出"我"的心理感受。这样点面结合，更加突出了"你"于我的意义重大。

我的朋友，开卷有益

徐桦琳

江阴市璜土中学初二（7）班

    我和你认识多久了？我也忘了，我说日子过得太快。你偏过头看向我，微绽着笑，是千载悠悠的墨香。是啊，你比我年长太多，也比我渊博太多。

    你说，外面太闹了。我哑然，默默关了手机，拿起了书。你一字一句向我倾诉，深巷幽幽，枇杷树倒了，少了一夏的鲜甜，多了日夜的灯火，那里已开了一条街的网吧，废弃的收录机叠放在阴暗的楼道，布着青苔，越过旧楼板，只听到混乱嘈杂的歌舞声。我见你满目是忧伤，不知如何宽慰你。你又指向另一幢楼房，我认得，是儿时玩伴家，你说："她已经许久不曾找我了。"我不敢说，她沉迷手机，哪里沾得上半点文字。

    我说："这个时代太快了，你要习惯。"你略显吃惊，仍保持着新雪般的静，黯然而坚定地说道："可是你总得从两块面包里拿一块换水仙花，只有六便士也可以看月亮。"我不知道如何答了，你是对的，快生活是顺应时代的，然而这快餐式的精神娱乐太浅显，太廉价，抵不住一缕时间的风沙。一瞬，我竟生出太自大的悲悯——我在悲悯文学，曾几何时，吟风弄月竟成了贬义词！现实的世界，物质为王，而流传了五千年的文明竟被丢弃了？不可以，不可以，不可以任自己执迷，不可以任利欲熏心，不可任你香消玉殒，我知道，你比虚无的数字宝贵，你是不可失者。

    我内心复杂，将手机锁进了柜里，翻开案前的书，摩挲着微黄的书页，你轻声说："我的朋友，开卷有益。"我怕你消失在茫茫的车马中，我怕你湮没于嚷嚷的喧嚣里。你淡然,以一贯的平静说:"我不会走,我会一直陪着你,我一直在。"我了然,你会永存我的心中——我们的心中。

你给我看,十九世纪的工业革命,汽油和阴霾笼罩的城市里,梭罗依旧拥有无数个艳阳天,你说,他富甲天下!你给我看一箪食,一瓢饮的颜回,你说,他是世间的乐者!你给我看,边城的一潭绿水边,有翠翠和她沉默的黄狗,你说,她不施脂粉,却至善至美!我无可自抑,怔怔看着你,你平静依旧,笑说:"孩子,静下来,浅水是喧哗的,深水是沉默的。慢一点,太快是病态的,欲速则不达,好的营养只能慢慢汲取。"

我看向窗外灯红酒绿,那喧嚣浮躁的尘世,快捷便利的时代,我想:可以发展,却独不可忘了你。

泪水沉沉,我凝望你。

你神色依旧,萦绕千年古檀的香,款款道:"我一直在,我的朋友,开卷有益。"

指导老师:龚雅霏

点评

拟人的手法、对话的方式,写出了小作者对这个飞速发展的数字时代的隐忧,而"你"俨然一位睿智的师长,虽然感受到了失落,却依然努力保持淡然,那句"我一直在,我的朋友,开卷有益"意味深长,给"我"无尽的抚慰和信心。文章虽短,但语言精美雅致,深刻隽永,耐人寻味。其实书不能言,文中呈现的是小作者的思考,展现的是小作者的审美判断。"我""我的儿时玩伴"的不同形象,相当于对这个时代的少年做了一个侧面速写,有沉迷于电子产品的,也有自觉亲近经典的,笔墨不多,却很传神。整体看来,文思巧妙、文笔灵动,格调高雅。

书的光芒

张家赫

山东省临沂商城实验学校初二（7）班

夕阳余晖，霞光万丈，煞是迷人。我看了看窗外，累了，倦了，便开始无聊地漫步在书房中。

走着走着，我好似看到了架子上有一套凸出来的书，我走过去拿起来看了看，是高尔基的"人生三部曲"。我记得这是第一套让我感兴趣的书，小学时读的，它真实地描述了阿廖沙苦难的童年，深刻地勾勒出一幅十九世纪俄国小市民阶层庸俗自私、空虚无聊的真实生动的画面，同时又展现了下层劳动人民的正直、淳朴、勤劳。我拿起书来端详着，觉得很亲切。当我翻开书时，我又不禁感到惊奇，书上满满的都是以前记录的好词、好句，文章旁还有几处自己的批注，但现在读起这些批注来，感觉有点幼稚了。我合上书，对着书微微一笑，将书放回到书架上，默默地感谢着高尔基，因为这套书让我认识到了"苦难是一所大学，人是在艰难与困苦的环境中锻炼出来的"，不断鼓舞着我奋勇向前。

我坐了下来，看着书架上的书，开始回想着自己的读书生活。读书给了我力量，美国作家罗伯特·安东尼的《自信的秘密》真的让我一步步掌握了自信的秘密。读书引发我的思考，英国作家艾利克斯·希尔所著的《天蓝色的彼岸》使我开始正视生命，思考人生，开始学习面对人生的乐观态度。读书调整我的情绪，美国作家加勒特·克莱默的《情绪断舍离》在无形中启发了我内在的智慧，让我发现自身的潜能。

书不仅在生活中是我们的朋友，在学习中也是我们的帮手。

最令人震撼的几部文学作品，非"四大名著"莫属了。老师带着我们精读、略读、专题读。在《红楼梦》中我感受到了人物的悲欢离合与时代社会的变迁；在《三国演义》中我体会到了每个人物所具备的精神品质与丰富的历史知识；在《西游记》中我学习到了锲而不舍、不畏艰险的精神，见识到了古人想象的瑰丽；在《水浒传》中我领略到了梁山好汉的英勇、反抗欺压时的宏大气魄。这些都是帮助我学好语文的精神营养。不认真读名著，我可学不好语文呀！

想着想着，我开始思考：何为书？它不仅是人类用来记录信息的工具，更是人类交融感情、传承知识、获取经验的重要媒介，对人类文明的发展与传承具有极其重要的意义。习近平总书记曾在《致首届全民阅读大会举办的贺信》中表达对阅读的看法、对当代青少年阅读的希望："阅读是人类获取知识、启智增慧、培养道德的重要途径，可以让人得到思想启发，树立崇高理想，涵养浩然之气……希望孩子们养成阅读习惯，快乐阅读，健康成长；希望全社会都参与到阅读中来，形成爱读书、读好书、善读书的浓厚氛围。"

我们应当捧起书来，感受经典的韵味、阅读的美好、书香的魅力！

我看了看窗外的落霞，又看了看自己的书房，微微一笑。我想，自然界的太阳会落下去，人类精神和智慧的阳光却永远光辉灿烂。

指导老师：闫晶晶

点评

文字朴实，思路清晰。"书不仅在生活中是我们的朋友，在学习中也是我们的帮手"，把文章很自然地分成了两部分，前一部分是

写自己如何在阅读中自觉调整身心，锻炼性格；后一部分则重点写校园阅读对于学生成长的重要作用。小作者的视野很开阔、写作站位很高，引用习近平总书记的殷切期望，增加了文章的分量。开头结尾的"霞光"遥相呼应，不仅为文章增加了美感，还寓意人类的精神和智慧之光永不泯灭，有画龙点睛之妙。

书，成长与生命之歌

冉弘宇生

南京市致远初级中学初二（5）班

书让我把火热的心种在春天松软的土壤，透过蚯蚓穿过的孔洞，感受到种子静静萌发的气息，原来勃勃生机绽放前也有着不为人知的静谧，火热的心也需要沉静。书籍使我感受着大自然之瑰丽，使我品味着小生命之顽强。文字在我眼中缓缓流淌，一点一点地蹦进我的心里。一行字的结尾到另一行字的开头，一本书的引言到一本书的尾声，就如同生命般于此往复，无尽蔓延。

书中的世界不同于任何一个纬度，它是那么的复杂且神秘，令人充满想象与期待。设想一下，当你从书架中取下一本书，翻开它时，你将会拥有一把通往异世界的钥匙；当你慢慢扭转开锁，书中的世界便会在你眼前绽放。穿过每个不同的门后，你都会有不同的身份。或许你会变成一个魔法师，展开激烈的奋斗；又或者你会变成一个科学家，探索世界的神秘；抑或是变成一个小镜子，窥探某个人物的一生。在这些世界里，你往往会经历一些磨难，同时或多或少也会收获一段奇特的友情。经过书籍的一次次打磨，所有人都会成长。在不知不觉中，某些品质你会突然拥有，你的性格也会悄然发生改变，这就是经历过异世界探险后你的成长体现。

虽说现在电子阅读风靡全球，但其阅读的质感与纸质读物相差甚远。往往是那种所谓的落后的纸质的书，能使你更加身临其境地体会到书页中所蕴含的真理。

我一直钟爱史铁生所写的书，或许是因为他年少残疾，那种悲剧深深地印在我的脑中，让我不得不去关注他的作品，也可能是更多的作为一种共情，总而言之，我非常喜欢他。大家或许都读过他所写的《我与地坛》，那是一本令人阅读后难以忘怀，久久不能平复的关于他自己的记述。但我更钟爱另一本他所写的散文集，名叫《灵魂的事》。这是史铁生在重病时所写下的关于生命和信仰的散文集，我相信很多同学也曾想知道活着抑或是生命的意义在于哪里。这本书走进了我的灵魂深处，让我感受到自己为何而活着，当我因为学业而不停忙碌时，他使我静下心来好好地思考，何为生命——开始我曾疑惑他为何如此淡然，难道变得残疾的时候，他没有生气愤怒吗？他没有抱怨这世界的不公吗？当然是有的。我们曾学习过《秋天的怀念》这一课文，里面所蕴含的情感令任何一个人都不得不震撼。而这本散文集是一本充满生命哲思的书，史铁生用他那残缺的身体书写着健全丰满的灵魂，照亮着我们。每当我焦虑难过，迷茫不安的时候，就会翻出这本书，来读一读史铁生那历经千帆后娓娓道来的人生哲学，看一看那朵从苦难里盛开的花。这本书使我成长，使我越来越感觉到生命的可贵。

　　《走到人生边上》这本书也令我感到无比亲近，写作此书的杨绛先生认识到自己的人生已然接近终点，而她留下了自己对于真理、对于生与死、对于命运、对人生价值的追问和思考，令我感觉就像与一位长者聊天，听她为我一点点剖疑解惑。

　　我想，当一个人阅读足够多的书时，是能够成长许多的，然而这种成长不是一时的，是可持续性的，是可发展的，读书使我们体会到生命的难能可贵，也会让我们珍惜当下的一点一滴。成长与生命需要书籍的浇灌，书籍正是令我们强大的成长与生命之歌！

指导老师：王亚念

点评

　　文章紧扣"生命"落笔。开头的比喻新颖独特，不落窠臼。"感受到种子静静萌发的气息""一行字的结尾到另一行字的开头，一本书的引言到一本书的尾声，就如同生命般于此往复"，何其浪漫的联想！举例说明读书滋养灵魂，列举的书目也与生命相关。史铁生生命里的创痛和坚韧、杨绛生命里的沧桑和智慧，照亮了读者的灵魂，所以得到小作者格外的礼赞和偏爱。而作者对他们的解读也十分诚恳，"他使我静下心来好好地思考，何为生命""像与一位长者聊天"。"书籍正是令我们强大的成长与生命之歌"，卒章显志，遥遥呼应了文题和开头。

难忘公公手抄的那本书

张恩典

南京市钟英中学初一（15）班

如果把人生比作夜空，那书籍便是繁星，繁星点亮夜空，使其不再单调。如果把人生比作沙漠，那书籍便是绿洲，绿洲点缀沙漠，使其有了生机。如果把人生比作一首歌，那书籍便是音符，音符丰富歌曲，使其有了韵律。

记忆里，有一本书，一直陪伴着我。它没有四大名著那样宝贵，也没有哲理文章那样高深，更没有绘本那样精美，它只是一本书，一本普通的书。与其说是一本完完整整的书，不如说它最多算是一个本子，一本有些破旧的本子，里面是我公公一个字一个字手抄下来的故事。

公公是极爱读书的。自从我上幼儿园，公公就常常教我读书识字，给我读各种书，讲故事，他自己也时不时坐在沙发上，戴着老花镜，仔细地捧着书，仔细地读着，像是贪婪的海盗发现了珍宝。有时他还拿出一个本子在上面抄写着什么。每当我看到公公在抄书时，我总要过去看看。只见他在书上勾勾画画，再一笔一画地手抄下来，字迹虽然不算特别美观，但每一个字都方方正正的，大小差不多，看上去让人觉得很舒服。等我再大了些，公公接我放学回家后，总要拿出那个本子，翻来翻去，找一篇故事讲给我听。在那时的我眼里，那本书是那么神奇，有那么多的故事，仿佛无穷无尽。在公公的本子里，有打水的和尚，有丢西瓜捡芝麻的猴子，有买鞋的郑国人……听公公念故事，便是我幼年最喜欢的事了。

后来我上小学了，不再住在公公家了，节假日就变成了我听故事的好机会，所以，周五下午是我最兴奋的时候，因为再过一天，我就可以去公公家听故事了。我总在想：公公会给我讲什么故事呢？那种未知的兴奋与激动交织在一起，让我向往而好奇。这时候公公的故事里面不再是内容浅显易懂的寓言或是童话，更多是一些蕴含着哲理的文章，有时也会讲一些名著片段。

自打五六年级起，接触公公的机会就更少了，每次到他家，我总会觉得他头上的白头发似乎又多了些，那本本子好像也更旧了些，但公公的故事依然有趣，依然令我着迷，他的故事总能吸引着我，就像小时候那样。故事内容也有所改变，不是童话，也不是散文，而是一些关于人际交往，为人处世的道理。公公给我读着，一边读，一边问我："听懂了吗？"而我总是笑着点点头。在一个个故事里，时间总是那么短暂但又美好……

古人说："书中自有黄金屋，书中自有颜如玉。"但公公的书，里面没有黄金，也没有佳人，只有一个个他想告诉我的道理。我逐渐长大，公公的故事也逐渐变化，但不变的是一位长辈对晚辈的爱。小小的本子，却是我的启蒙书，也是我学习为人处世的导师，更是我今后人生不可缺少的一部分。在我眼里，这是比任何书都要珍贵的。

公公总教导我要以好书为挚友亲朋，公公书里的美好的人生故事，将会一直伴我成长！

指导老师：滕之先

点评

"最多算是一个本子，一本有些破旧的本子"，公公"一个字一个字手抄下来的故事"很平常，甚至不起眼，但是却很珍贵。这个

选点好，与众不同，视角独特，在众多同类作品中很抢眼！反差越大，心灵冲击力也就越大，这是作文的小窍门。故事朴实，没有曲折波澜，但是循序渐进，桩桩件件都体现了公公对"我"的爱与教导。语言朴素，没有华丽辞藻，但是娓娓道来，流畅清新，字字句句都流淌着"我"对公公的感恩和信赖。真情动人，令人回味。

读书·品香·成长

梅 婷

常州市北环中学初一（6）班

天边泛起青灰色，晚风掠过窗帘，拂过飞扬的袖口。我端坐在窗前，手持一卷书，伴着庭中的花香，细细品读。

回忆往事，我初捧图书，还是因为表姐来家中做客。她那琅琅书声，稚嫩却响亮，"床前明月光，疑是地上霜"，使家中长辈连连夸赞。我羡慕极了，把这当成一场游戏，从书架上找来《唐诗三百首》，也在一旁大声朗读。于是，在表姐的朗读声中，也时常夹杂着我的读书声，似较量，也似应和。

再长大一点后，读书不再是为迎合谁或与谁较量。读《哈利·波特》的时候，我仿佛就站在站台，随时准备去往霍格沃茨学院，开启一场未知的冒险；读《摆渡人》的时候，我也像是那万千灵魂中的一个，遇见那位只属于我的摆渡人；读《肖申克的救赎》的时候，我也好像被禁锢在监狱，变成了对自由无比渴望的人；读《安迪的游戏》，我为安迪用二十七年创造的奇迹发出由衷的赞叹……书成了我的朋友，我为那成功者的喜悦而雀跃不已，为那不幸者的悲惨而默默哭泣。于是，年幼时常常坐立不安的我，现在能因一本书静心安坐。细细品读的过程中，我的情感更加丰富，心性也变得更加平和。

步入初中，随着课业加重，我阅读的时间少了。但每当夜深人静，皎洁的月光映在窗前，我还是会打开读书灯，照亮我的书。现在的我，独爱

诗词，步入诗殿，看见陶渊明一身布衣，在南山下高吟"归去来兮，田园将芜胡不归"，品"山气日夕佳"的宁静与"乐琴书以消忧"的悠然自得……富有情趣的唐诗、注重理趣的宋词，也一点点熏陶着我的审美，提升着我的志趣！

妈妈经常说的一句话就是："任何一本好书都是有价值的。"是的，一本本书，给了我一段又一段非常美妙的记忆。但书海浩瀚，还有太多我未曾结识的"朋友"，我急切盼望着和它们相见，与它们交流，因它们成长。

读书如品香，前调不一定诱人，中调却常能让人沉醉，尾调更会引人回味。于是，我愿常坐桌前，手中持着一卷书，听带着花香的清风轻轻翻阅了书页的声音，只因那清幽花香还逊色这书香几分哩！

指导老师：宁　静

点评

读书如"品香"，这个比喻新颖而独特，贴切且美好。香味前调、中调、后调的不同感受，正仿佛读书不同阶段的心得体会。"那清幽花香还逊色这书香几分哩"，这样的结句俏皮又智慧，呼应开头，点明题旨。文中佳句甚多。"在表姐的朗读声中，也时常夹杂着我的读书声，似较量，也似应和"，写出了孩童不服输的可爱。"再长大一点后，读书不再是为迎合谁或与谁较量"，这样的句子可谓有境界。第三段中的排比句，表述准确而饱含感情，均可圈可点。

墨韵书香，伴我成长

翟以然
扬州市江都区第二中学初一（10）班

书桌上，一本书轻展，一旁砚台中散发出的浓浓的墨香与茶的清香互相交织，清香甘醇。微风吹拂，阳光肆意而下，涌入书房，轻轻地，柔柔地照亮了那一页书纸，照亮了每个读书人那颗纯澈的心。生命如诗，岁月似歌，不知何时，我早已爱上了读书。只依稀记得，五六岁那年，不经意间闯入书房，没想到那一刻，读书的种子便在心中种下……

"吱呀"——我好奇地从门后探出头，轻手轻脚地进入书房。只见爷爷躺在藤木摇椅上，头向后一拗，一手拿书，神情悠悠然地吟诵着书中诗句，时而还闭起双眼，惬意地体味其中的韵味。而我在一旁不懂缘由，咔咔地发笑。爷爷回过神来，笑着叫我过来，指着一首《春晓》，逐字逐句地教我读，"春眠不觉晓，处处闻啼鸟……"暖暖的春光倾泻进书房，稚嫩的童声在古朴深幽的古诗中回荡……

书香为我朴素平淡的生活添抹了一丝色彩，装点美好。正如春雨时节，淅淅沥沥的雨点跳跃着落入凡间，我静立在雨中，那雨丝如梦，如诗，轻抚着肌肤，痒酥酥的。真是应了那一句"天街小雨润如酥，草色遥看近却无"。顿时，春雨由这一句诗变得那么多情梦幻。炎炎夏日，天空被炽热的橙红晕染开来，缕缕云彩换上了斑斓的彩衣，整个天空似一幅绚丽缤纷的油彩画，时间的轮轴仿佛停止，在那一刻，我情不自禁地叹一句"夕阳无限好，只是近黄昏"。简短的一句古诗，却又如点睛之笔一般将生

活装点得诗情画意，令人动情。

书香让我在时代的潮流中漫步。轻轻翻开《上下五千年》，指尖触摸着书皮，又似与五千年的历史文化相互碰撞。上至三皇五帝，下至辛亥革命，古老中国宏伟的历史蓝图清晰地映入眼前，从夏商周再到明清时期，一幕幕重要的历史事件仿佛在我的眼前演绎。我感慨着诸侯与诸侯之间的战火纷飞，品悟着各个时期的王朝兴衰，在深远的历史中悟百味人生。

书香让我在奔赴成长的道路上获得了无穷的道理，伴我无所畏惧地奔向未来。坚定的信念是《红岩》中江姐为了人民群众幸福的笑颜，为了那冉冉升起的五星红旗在新中国的大地上迎风飘扬，而毫不畏惧敌人的威逼利诱，铿锵有力地痛斥敌人恶行的英勇牺牲；《鲁滨逊漂流记》中主人公独自在孤岛生活了二十八年，他用顽强的意志、坚毅勇敢的精神战胜了磨难。回顾着书中的内容，一个又一个鲜活的形象在脑海中显现，而其中蕴含的内涵哲理已如春雨般细润无声地让我铭记于心。

"最是书香能致远，腹有诗书气自华"，世间万物比不过与书相伴。一缕清风，一杯好茶，在浓浓书香中，在沉浮往事中，在墨韵文字下，读好书共赴成长，读好书悟百味人生。

指导老师：冯 旭

点评

描写如工笔绘画。画出了躺在藤椅上吟诵古诗的爷爷，那般惬意，那般慈祥，笔端含情，也画出了对爷爷的依恋。画出了春之细雨的轻盈动态和纤细质感，画出了夏之夕阳的斑斓色彩和炽热温度，还画出了一个热爱生活，诗情洋溢的"我"。思路清晰，"书香让我……"各领起一段，三段形成整齐的排比，从日常生活到时代大潮，再到奔赴未来，安排有序，结构精巧，形式优美。

书香致远，筑梦中华

卢梓萌

南京市鼓楼实验中学初一（10）班

我是个从小生活在书香里的孩子。

年幼时，我最爱看小人书，里面跌宕起伏的情节、精美鲜活的图画和立体生动的人物，每每让我沉迷。《西游记》里济困扶危的孙悟空，《水浒传》里除暴安良的鲁智深，都是真善美的化身。他们惩恶扬善，与坏人斗智斗勇的情景，让我热血沸腾，惊喜不已。那时我最快乐的事就是跟爸爸妈妈去书店，坐在书柜边地板上津津有味地看书，一待就是半天。

日月如梭，不经意间，桌几上的小人书变成了"大部头"，小小的读书角变成了一面书墙。这时，我喜欢上了动物小说，感动于动物之间的真挚与忠诚，更对这茫茫无垠的大地多了一分敬畏。沈石溪、吉卜林的作品引人入胜，坚贞不移的狼王梦，舍己为人的斑羚飞渡，释放着澎湃的生命力。为了参加沈石溪读者见面会，那年爸爸妈妈带我到苏州书展，书市场面热闹非凡，我一下子跃入了书海中，在一个个展位前流连止步。

时光流转，曾经稚嫩的孩童成长为朝气蓬勃的少年，我爱上了历史，从《三国演义》看到《三国志》，从《明朝那些事儿》看到《明史》，从《上下五千年》看到《中国通史》，我在浩瀚的历史中追寻中华文明的"根"和"魂"。当我怀着沉重的心情翻阅中国近代史时，看到了清政府统治下的中国落后挨打的悲惨场景，更看到中国共产党带领全国各族人民浴血奋斗的光辉岁月。是从小小红船起航的中国共产党，是"有一分热、发

一分光"的革命家与仁人志士，是每一位从蒙昧中觉醒的儿女拯救了中华民族！《觉醒年代》序中说："有人问《觉醒年代》有没有续集，你们如今的美好生活就是续集！"今天的祖国，经历了翻天覆地的变化，载人航天、探月工程、深海工程、超级计算……东方雄狮早已觉醒，一个独立、民主、富强的国家正巍然屹立在世界东方！

　　回望我从稚嫩走向成熟的读书之路，层层叠叠的书本和密密麻麻的文字带给我的不仅是宁静与纯粹，更是一种思考的习惯，和对于自我、社会、国家更强的责任感。如今，我在书香浸润中践行着习近平总书记的谆谆教诲，"实现我们的梦想，靠我们这一代，更靠下一代"。我们生在国旗下，长在书香里，成长路上，当以"强国梦"为志，自立自强，不懈努力，成长成才，报效国家，做一个新时代的追梦人！

点评

　　文章虽短，但语言老练、内容丰富、情感炽烈、气韵饱满，从爱书写到爱生命、爱历史、爱祖国，如溪流奔涌向江海，气势、境界渐次阔大，格调愈益提高。最后两段从阅读内容联想到祖国的重托、自己的责任，引用了《觉醒年代》序言和习近平总书记的教诲，铿锵有力，恰到好处。"成长路上，当以'强国梦'为志"的誓愿感人至深，时代感极强，感染力极强！

《红楼梦》感悟

——我成长的记录

李思婷

扬州市翠岗中学初二（3）班

莎士比亚有言："生活没有书籍，就好像没有阳光。"的确，书籍不仅是带来谆谆教诲的良师，更是陪我们成长的益友。我尤其喜爱与书相伴，而《红楼梦》更是一本贯穿我成长时光的书。

我曾在三个不同的时期阅读《红楼梦》的同一片段——黛玉进贾府。但从未厌烦，反而每次皆是"开卷有益"。

第一次看这个片段，大约十岁。那时我还心性浅薄，看东西更注重表面——于是当我看到"两边是抄手游廊，当中是穿堂，当地放着一个紫檀架子大理石的大插屏"时，我满心满眼都看见了贾府的光鲜亮丽，感叹这古代豪门世家的富贵。后又看到贾母与黛玉抱头痛哭，祖孙情笃的样子，我为之动容。

于是我"刷刷"记下"家族繁荣，祖孙情笃"的感悟，合上书。然而我再一次翻开时，早已过去了两三年。

那时我看这章早已不复原来的肤浅，开始关注曹雪芹的妙笔。曹雪芹在表现一个家族的富贵繁荣时，并不会如当今小说一样，在一个人身上去堆砌那些名牌的物品凸显，他反而喜欢选取典型事物，如"街北蹲着两个大石狮子，三间兽头大门"之类，寥寥数笔却能体现大家的繁华。再比如他写祖孙情笃时，"被外祖母一把搂入怀中""黛玉也哭个不住"，所用动

作、神态描写一直延续到了今日，当真超前了当今数百年。

于是我又写下"妙笔生花，才思敏捷"的评价，在此加上书签，等待我两年之后再看。

如今——也是第二次阅读的两年之后，我再次翻开这章。当我看到这段对宁国府的描写时，我恍然想起——这一切都是从黛玉视角叙述的。一个十二三岁的女孩，从外地远赴京城投奔亲人，自然不免害怕孤单，只好小心谨慎地观察周遭的一切以此避免闹出笑话。——就算这描写，也在衬托人物的悲哀。再当我看到祖孙情笃时，我注意到"当下侍立之人，无不掩面哭泣"。我想，生活在这大家族里的人都惯会见风使舵，迎合主人。当下真心哭泣之人，又有几位呢？

于是我在此记录下"人情错杂，身世飘零"之思考。

然而就在我写完这一切时，一抬眼，看见我上方的批注。从感悟到评价再到思考，我的批注随着年龄的增长而逐渐具有深度。而不知不觉间，红楼似乎贯穿、记录了我的成长。

我恍然开窍——

红楼感悟，你是我成长的记录。你伴我成长，亦助我成长。

指导老师：房佳楠

点评

三读《红楼梦》，每次都有不同的感受，留下不同的批注，批注随着年龄的增长而逐渐具有深度，以此作为成长的记录。这是何等的慧心！真是善于阅读！三次批语，思考角度不同，但总结得都很凝练，见功力！文章要言不烦，段落简洁，文面格外清爽。文风可爱！

书香中的世界

鞠亚宇

泰州市扬子江初级中学初一（4）班

打开另一间房门，就是另一个世界，没有尘世繁华喧嚣，没有长街灯红酒绿，没有人性利益险恶，只有一抹清香伴身。抬头是自然的变换，低头是书中的流转。我便在这现实与书本的虚实中成长。

有时，看累了，便伴着书香躺在桌上睡去，脑海中书香带我走过四季时令，悲欢离合——我似乎看到苍霭缥缈，小雨初霁，出没于隐隐山林之间；又像闲倚于密叶之下，斜阳缕缕；又如站在月下思人，秋风清，秋月明，落叶聚还散，寒鸦栖复惊……睡梦初醒，抬头望去，神魂还在梦中游荡，书香还在鼻头弥漫，它用另一种方式带我走过世间，开阔眼界。

闲暇之余，走进书中的世界，身临其境，又无疑是一次心灵的旅行。

有时，看哭了，便合上书，躺在藤椅上思考，擦干泪，它带我领略人生的意义。我在《活着》中看到了福贵的悲惨命运，它让我看到了一个人与他命运的友情，人生的意义不是为了活着而活着，我们既要热爱生活，也要承受不幸、失败和孤独。我也明白了挫折存在的意义——在挫折中跌倒，再爬起。从锦衣玉食到粗布麻衣，他经历了很多，虽然亲人相继离去，但他还活着，承受着一切孤独，独尝世态炎凉。

我直起身，再次翻开书，书香依旧，我却懂得了太多道理，它们像一块块砖石，铺起我人生的道路。

有时，看悦了，便打开窗，和风阵阵，书香扑鼻，风中还掺杂着草木

气息，我变得身心舒展。它带我看遍自然万象——有时，我感受阳光沐浴的温暖，融化冻在心头多年的陈冰；有时，我仿佛站在雨中感受清凉，雨烟清扬，洗去烦闷的炎热；有时，我感受的是被雪花覆去的烟火的清静。

书的灵魂也与我相印，激荡着我对自然的追求。

书，用另一种方式，让我了解这个世界。我在书香中，笑看人生的月圆花瘦，把持心灵的阴晴曲直，掂量生命的跌宕起伏，送走时光的斗转星移，一步步在成长路上走向远方。

指导老师：李海丽

点评

文章的主要优点是"有序"。"有时，看累了""有时，看哭了""有时，看悦了"，领起了三层，分别写书对"我"的影响，思路清晰，文笔流畅。小作者喜欢运用排比，从全文看，有排比段，在段落中有排比句，这些使得文章有一种整齐的形式之美。在句子内部，小作者也追求词语的对称整饬，如最后一段"笑看人生的月圆花瘦，把持心灵的阴晴曲直，掂量生命的跌宕起伏，送走时光的斗转星移"，能看出小作者对此做了精心推敲。

书香·成长

陈嘉仪
丹阳市界牌中学初三（5）班

读书，"如入芝兰之室"。书的养分如春雨细无声地滋养着我，"久而不闻其香"。

初识·懵懂

垂髫之年，我崇敬的人有两位：一是我的父亲，二是金庸先生。

一个平常得不能再平常的暑假，我随父亲回乡。旅途中，他给了我金庸先生的《射雕英雄传》。

我不知道父亲出于何等心理，让一个八九岁懵懂无知的孩童去读金老的书。但当那个小女孩坐在熙熙攘攘的车站，磕磕绊绊地读完，合上书那刻，她的整个世界都改变了。

在此之前，我从不知人的想象力可以如此超凡脱俗。如果说曾经我眼中的世界是一片黑暗笼罩的大海，那么金庸先生的小说无异于划破苍穹，照亮大海的闪电。

我模糊地懂得了郭靖身上的"家国"这般庞大的概念。我在小说中认识的善恶，这对我以后评估一个人、一件事，功不可没。

相伴·感动

《青铜葵花》是让我看第二遍依旧会为青铜呼唤葵花那幕感动的书。初读不知苦难也不懂贫穷，我还是情不自禁地落了泪，因那世间最朴素也最真挚的情。

再读却增了些新的感受，苦难中一家人同舟共济的坚守在整个故事情节中贯穿。我愿意把它称作"带泪的微笑"。

生活有光有影，微笑才是长久的态度。

回首·成长

到了及笄之年，我开始读余华先生的《活着》。

未读一半，我便猜到了结局。这个一生大起大落的福贵，必定会与所有亲人离别。最后却也如同我猜想那般——只有一头老牛与他相伴。

活着显然是孤独的。当一个人把牛当作亲人，当一个人幻想出已逝的亲人，当一个人把回忆记得那么清楚，他不孤独吗？

但福贵还活着，他擦干了泪，孤独地、坚强地活着。

余华先生的作品不需太深的解释，否则会失去原味。再回首，"活着"的百般滋味早已写在福贵的一生里。

杨绛先生曾说过："读书的意义大概就是用生活所感去读书。用读书所得去生活。"

我与读书相互成就的过程好比"看花"：未看时，与花同归于寂；来看时，"此花颜色一时明白过来，便知此花不在你心之所外"。

指导老师：钱　敏

点评

小作者有很好的文学鉴赏力，善于从书中领悟精华。三次阅读，三个感受，三句总结：小说中的善恶、生活中的光影、生命中的孤独。虽是三言两语，但是都能切中肯綮。文章短，但还分出三个小标题，小标题的拟定也费了心思。写文章就是咬文嚼字，在这些细枝末节上推敲，正是读书写作的乐趣所在。小片段是鸿篇巨制的起点。相信小作者一定能从片段出发，走向恢宏和深刻。

答案

房子越

兴化市板桥初级中学初一（2）班

窗透初晓，晨光熹微，道旁的梧桐落叶，带着不知名的忧伤，白色的布匹下埋葬沉睡的灵魂，耳边是低沉沙哑的哭声。少女伫立在路旁，并没有被死亡所带来的恐惧攫住，只是睁着乌黑的双眼，心中萦绕着对死亡的疑惑。

少女跟着白色的队伍迷茫地走着，走着，来到一片旷地。石碑林立，大人接二连三地跪下，泛着泪光的眼眶通红。烟雾弥漫，袅袅散去，徒留一地黄金纸屑。少女心头的疑惑却没有随烟散去，反而越加浓重。

一个晴朗午后，少女翻开桌上一本新书——《外公是棵樱桃树》，她在这本书里找到了问题的答案：托尼诺和同龄人一样顽皮爱玩，会因为起床，遛狗，写作业而烦恼，有趣的是他有一个特立独行的外公。城市的生活单调无味，外公会带他去聆听大自然，感受旷野的自由，樱桃树的呼吸声，山雀妈妈喂饱山雀宝宝的叽喳声，大鹅游泳的嘎嘎声。这一切的一切都让托尼诺沉醉，无法自拔，他和外公的关系也越来越好。

一次他们望着乐呵傻转的大鹅，外公突然讲起外婆的事，说她是个爱吃醋的"泼妇"，就因为自己帮了一个漂亮小姑娘就跟他吵架，后来外婆走了，连她留下来的鹅脾气也不好，说这鹅是外婆的灵魂载体。

"那外婆走去哪儿了？"

"她呀，去旅行啦，还坐飞机呢，不要我这个老头子了！"

明明是很有趣的故事，母亲却偷偷抹着眼泪，接下来就是长久的宁静，外公只是看向种了几十年的樱桃树带着笑意轻声说："这是你妈和外婆一起种的，都长这么高了。"

后来外公身体每况愈下，托尼诺感到一丝不安，好像有什么情感要从他的体内抽空，再也不见，他坐立难安，外公便轻声说："别害怕小家伙儿，樱桃很甜，要来一个吗？"苍白的笑容浮现，带走晚秋最后一丝暖意，外公去世没几天，妹妹就出生了，在婴儿的啼哭声中，托尼诺情不自禁泪如雨下，那一瞬间，生命的真谛被他触及，蜜色的糖果外衣自然脱落，但里面包裹的不是苦涩的事实，而是多汁的樱桃。生命是一场双向奔赴的旅程，外公的离去却迎来妹妹的新生。

此时，少女也放声大哭，萦绕在心头的答案终被解开，原来死亡不是生命的终点，遗忘才是。春去花落，暮去朝来，总有人在新的轮回里等着你，那些已经逝去的爱也永不消散，它们化在春风里，细雨中，路灯下，温暖中，刻进老树的年轮，岁月的吻痕，又或是变作一棵樱桃树。春有百花，夏有凉风，秋有硕果，冬有归宿，四季陪伴，他们从未远去，因为爱，我们总是坚信他们的价值，坚定他们的存在。

指导老师：卫 丹

点评

文字很美，叙述很美，感受很美。这篇文章真的很美。伫立路边的少女观望着人间的葬礼，带着生死的疑惑走进《外公是棵樱桃树》，与书中的人物同喜同悲，终于解开了心头的谜团，了解了生命的真谛。这篇文章中，没有"你"，没有"我"，一种远眺旁观的视角，使我们的阅读更像是在观看一部电影。尤其是第一段、第二段，各种彩色描摹，画面感极强。本文语言清新，短句很多，如最后一段，读来节奏感很强。有些句子简直是神来之笔，如"生命的真谛被他触及，蜜色的糖果外衣自然脱落，但里面包裹的不是苦涩的事实，而是多汁的樱桃。"这是一篇读后感，写得却像一首诗，一首未分行的诗。

追光者

葛雨昕

盐城市鹿鸣路初级中学初二（3）班

我从小就觉得这是一个不公平的世界。别人的降生伴着辉煌灿烂的朝阳，我的第一缕光明，却消失在寂寂的黑色雪夜中，长到几乎覆盖了我的一生。

还小的时候，我总能听见周围人絮絮低语："这孩子真可怜。""哎呀还是别管她啦。""这户人家也真是，做什么不换一个……"当他们不讨论我的时候，我也听过他们描述外面的世界：极光，很漂亮的，像绸子一样安静的悬浮在夜空，闪烁着千万颗星星一样浅碧色的华光。

可是，我看不见。

在我压抑着烦躁，只想摔打东西，让它们碎成一片片的时候，我近于绝望，我不想什么都看不见，我不想困在这里，但是我好像除了放弃，别无他法。我想我自己是不是就是个错误？因一念之差错来了人间？妈妈抱住我的时候，我的泪水不知怎么冷冷地淌了下来。我问："你们当初怎么没有丢掉我呢？"

我没有听见哭声，但是我感觉到了有一点咸涩的雨，落在我的手背上。屋子里还烧着火，但是我感觉我的手脚冰凉，心和屋外的雪一样冷。妈妈不知道什么时候也已经离开了。

站得久了，我几乎瘫坐下来。我听见了妈妈的脚步声，我感觉膝上被放了一个沉沉的东西，我摸了摸，方的。妈妈牵起我的手，动作很温柔，在粗糙的表面来回一下一下地抚摸。凸起的感觉给我很亲切的感觉,可是我说不出是什么。我终于听到了妈妈的声音,坚定而温柔,带着强忍的哽咽:"是字,宝宝。这几个字是'勇敢点,我爱你'。别怕,别怕,我一直都爱你的,所以你一定要勇敢……"她说不下去了,我静静的用手一遍一遍地抚摸"字",读着"我爱你,勇敢点"。我安定了。

我不想再大声尖叫了,不想蜷缩在漫漫的长夜里。我用手在书本上一个字,一个字地摸过去,一个字一个字地"读"。我还是看不见,但是,我像在将溺亡的海水中触到了岸。这是一种很温暖的感觉。妈妈先牵着我的手去读,然后就是我自己读。书,像它所说过的魔法一样,在我一片黑色的心中,构建出各种各样色彩亮丽的事物:林间长着温柔枝杈的小鹿,树中软软啁啾的灰椋鸟,红的、白的、粉红的玫瑰花,还有手挽着手歌唱的小男孩和小女孩,脸被壁炉的火光映得红红的。我似乎可以构建出自己的形象,我清晰地看到我的手,红靴子,白绒褐里的外衣,安静而自在。远处皑皑的雪原安宁地反映出天空明亮的光辉。极光,萦绕着千万的星子,飘旋在空中,绸子一样,夜被照得有多辉煌啊!还有妈妈,脸埋在深红的羊毛围巾中,笑盈盈地凝视我,手中捧着一本我爱的蓝缎面的书。

那么,书是一座远方静立的灯塔呵,以明亮软和的光,缎子一样,盘旋牵绕过我的手。走出了长夜,走出了雪原,妈妈送我到一家很特殊的学校去考试。我和她的手中都发着微微的热,倾泻到手中平滑的书上。进去的时候,我回头看了一下看不到的人和看得到的过去,拄了杖,挽着手,轻轻地哼着书上的诗和歌,带着我所能见到的笑容,追着进了去,出了来,走了回。应当是考"中"了吧?我没有想。我知道的,前方还有那样长的路,那样多的书等着我呢,像极光一样,闪烁着浅碧华色的星光,让我奔过去,移不开眼。后面是我所爱的人们,在安宁的雪原上,静静地守候,浅柔色的光辉呵,后面是我一生长长的脚步,是我忘不掉的。世界就在眼前展开了。

我又回过神来了，壁炉里噼里啪啦的，烧着火。我不觉地笑了，手从纸上的凹处挪开，闻着纸页好闻的木质清香，牵连在眼前，心中，光亮一片，像极光神秘渺远的，碧色绸缎一样的星华：

"追着光前行吧。"

点评

虽然这是个虚构的故事，但是体现了小作者丰富的想象力和高超的语言运用能力。一位失去了视力的少女，在阅读中构建了属于自己的华美世界。小作者刻意从视觉和触觉两方面大量描写各种亮丽的事物，红的、白的、粉红的、碧色的、明亮的、辉煌的……雪原、星光、极光、炉火……平滑的绸缎、温热的手……显示了这位少女对生活的热爱和对美好生活的追求。母亲在文中犹如天使，读书便是创造神迹的路径。这是一个童话般美好的故事，构思巧妙，文字唯美。

书香伴我成长

郁雯为

淮安曙光双语学校初二（3）班

书香脉脉，萦绕着我的童年，氤氲着我的成长。

小时候，父母要到外地打工，自己只能寄居在爷爷奶奶身边，那时是我童年最美好的年华，我在书香中成长。

"慈母手中线，游子身上衣……"识字的奶奶教我读诗，当时只知道是诗，也只知道诵读，却不知是什么意思，但是每天读诗，和爷爷奶奶在一起的日子令我温暖无比。

爷爷奶奶家在农村，南面有条小河。春日清明，心怀诗意，款款而行，岸旁柳树成荫，几点新绿冒在枝头，河中鸭鹅成群，道旁百鸟嘤嘤。"竹外桃花三两枝，春江水暖鸭先知"，嘴中感慨，奶奶在一旁种地，高兴笑道："都会自己用啦！哎哟，真棒！"心中甜滋滋的，犹如棉花糖的味道。甜美的童年，甜美的书香。

奶奶在家种菜，爷爷就去集市上卖，我总是会随其而后，在爷爷身边玩耍，逮只蝴蝶，捉只蚂蚱，等待爷爷卖完，我们蹬着三轮车回家，奶奶每次嘱托爷爷，用卖完的钱给我买本书，方便她讲给我听。爷爷总是挑一些情节有趣的书，他知道我喜欢哪些，便买给我看。

晚上，奶奶煮了菜粥，三人就着咸菜，端着小板凳，坐在院里，拿着一本书，读着内容。晚霞映衬着美好，晚风轻吻着黄昏，成堆的小落叶搁在墙角，鸭鹅在田中鸣叫，飞鸟翱翔在空中，书香氤氲着空气，氤氲着我的心。

日日皆如此，但时间在石罅中穿梭。日子很短，我已经到了要上学的年纪了，父母回来了，短暂的团聚，至今还印在我脑海里。当时奶奶见我要走，依旧没有忘记叫我读诗，让我在餐桌上说了好多离别的诗句，父母很惊讶，很欣慰，也很感激爷爷奶奶的教育。

走的那天下午，坐在车窗里，窗户开着，奶奶塞了好多糖给我，又把买的书全给了我，说："你都走了，我这老奶奶读这些书还有什么用，你带着看吧，想爷爷奶奶的时候就看，一定要好好读书啊！"我偷偷抹着泪，抱着书，渐渐关上车窗，一声"再见"告别了他们。车子启动，看向车窗外，他们目送着我远行，我用背影告诉他们，不用想念，书香飘散，只剩下书在我身边。

坐在车上，翻开书本，其间夹着一封信，标注着爱我的爷爷奶奶，看完信后，泪水再也忍不住涌泻出来，父母看着我，仿佛懂得了一切，我心中坚信着，他们的身边也一定还有书香。

此刻书香愈加浓郁，窗棂洒满碎金。

伴我成长的，是书香，是亲情，是生活这本大书里的美。

点评

　　故事很温馨，所以每个场景描写得虽然简单，但是都很有爱。景物清新，亲人可爱，这些都是"我"读书故事中不可缺少的背景，正是他们的存在，使"我"的读书回忆成为刻骨铭心的美好。读"竹外桃花三两枝，春江水暖鸭先知"那一段场景最为典型，自然景物与所诵读的诗句相互映衬，奶奶的夸赞更是突出了读书的意义，文中语言描写极少，只这一句"都会自己用啦！"很值得品味。书香、亲情、生活，无一不是大书，正是它们的美，陪伴小作者成长。

高中组

一等奖

个人与国家的关系
——读《偷书贼》有感

孙雨桐

江苏省泗阳中学高二（11）班

就个人与国家的关系而言，个人自是支撑"国"整体运行的必要组成部分。即使强调整体的稳定性，我们也不能忘记"个人"的重要性。现在我仅以一个特定时期为例，剖析国家对个人命运的决定作用以及个人对国家意志的微弱反抗。

在一个悲惨的年代，个人的视野、信仰与理想、价值可以由国家塑造。希特勒统治纳粹德国时，控制所有报刊，封锁所有消息，先花时间使人心智愚昧，再用一个严酷精密的机制把自己意志灌输下去，激发人们对种族的敏感性，用慷慨激昂的演讲去包裹一个个血色肮脏的梦，相信乌合之众的力量。如果国家这样宏大的集会对局势有引导意向，没有一个人可以逃脱。在一个被文字控制的国家，如果想求得精神上绵弱的独立，只能采取"偷"的违规行为，代价是自责与忐忑。由此可见，抛却肉身遭受磨难的必然，人们内心至珍的道德早已被"恶魔"统治的国家利用，良心谴责成为一种反抗的惩罚。

个人命运是国家性质的宏观再现。命运不可深究，但一个国家的性质会普遍体现在个人命运之上。在二战的德国，以人种划分，不幸降临在每个人身上：苟活的退伍军人悬梁，幸存的犹太人保持缄默，为儿子服丧的老人走到炸弹之下。最好的命运，不过是颠沛流离、客死他乡。正如书中所说，"让人生存下来的巨大恶意"——国家是保障人生的坚定屏障，亦是限制个人、塑造个人、毁灭个人的残忍底色。如果战火对个人的摧残是时代造就的必然，那么群众的愚昧与迷狂则是国家无能的表现；如果嗜血大发国难财成了肉食者的行为规范，那么贫困与苦难则是国家投射在个人身上的赤裸欲望与邪恶意志。

面对不胜合理的国家意志，个人的反抗与清醒亦是无处可容的。倘若就此否定个人力量，也并非合理。因为正是一个个德国士兵，坚定而又骄傲，残忍而又迷茫，才致席卷全球的惨烈战况。然而认清既定伦理的不合理，甚至敢于反抗的毕竟是少数，个人的反抗不必求得成果，任何形式的违抗都是纯良与慈悲人性的意义之源，这便成就了本书中最经典一幕：外面炮火轰鸣，二十几人挤在防空洞里，而偷书贼读书给他们听。这也就印证了精神可以脱离任何邪恶意志与境况的逼仄，达成深度的完善与崇高。恰在硝烟战火中，精神更要富足，人更要充分去感知；恰在死亡与恐惧、饥饿与背叛中，人性更要被打磨光洁：感受同情善意的痛苦之美，仁爱帮助的不渝价值，用饱满温暖、健全深沉的生命精神与现实的苍白抗衡。

如果不幸生存在一个颠倒错乱的国家，也许"偷"是当时德国人获得精神上的自由与救赎最好的途径。如果一个国家的错误最终以落实到个人生存上为纠正，那么最好用精神上的安宁对抗生命不可承受之轻，至少弄明白自己为何死无葬身之地。

指导老师：王　泽

点评

本文是《偷书贼》的读后感，没有面面俱到，而是从个人与国家关系的维度深度剖析"偷书"的哲学意义。文章的深刻之处在

于，能够揭示出特殊时期"偷"这一令人自责的行为，却成为打破窒息、追求自由的唯一选择，从而突出了在国家意志颠倒错乱的情况下，个人反抗的艰难与可贵。全文警句层出，气势恢宏，鞭辟入里，通过服从国家意志和个人觉醒之间的对比，突出个体觉醒的巨大价值。

逃离缆车，奔赴旷野

胡晶晶

江苏省震泽中学高二（4）班

海明威曾在《乞力马扎罗的雪》中以一只花豹喻人生追求，纵岩石崩圮，寒流凛冽，犹面向山巅而去，谛听上帝庙宇中的天国之音。

而我，亦想成为这文学山峰上的一只向上而去的花豹，长久地凝望乞力马扎罗的方形山巅的皑皑白雪。

然新生的我却被碎片化浅阅读的人流挤上了缆车——一条直达山顶且节约时间的路。人们如博尔赫斯笔下的德国间谍争相挤进交叉小径的花园，挤得头破血流。我在逼仄的缆车内，透过狭小的窗户汲取着有限的风景。"《红楼梦》章节概括，三分钟带你读完一本书！"人们疯狂地高呼着。范式的文学呼啸着侵占我，刻板的文学印象吞噬着我。在缆车上，在这个绝美编制的一席竹笼里，娜拉就只是独立的，史铁生就只是坚强的，一切的评论，都不掺杂着我半分情感。

"蕾必须在痛苦的破折中绽芳香！"我犹豫了，动摇了。我不愿在温室中被灌输着"成长激素"，我不愿在狭小的窗户中汲取有限的风景，我要逃离缆车，奔赴旷野，拥抱自然。"纵然我，终将疲倦无力，仍要用伤痕累累的双手，去摘，遥不可及的星！"心随堂吉诃德的呐喊，我从缆车中挣脱而去，纵然山水重重，一无所惧……

我拥抱属于我的旷野而去，奔跑着，奋力地，凉意却从脚趾缝升起。但我知道，名医魏之琇《头陂塘·苹花》"烟光淡宕摇天影，数叶弄凉葱

蒨"的美丽不是得益于"成长激素"，而是源于"一节复一节，千枝攒万叶"的积累。凤与凰举着五色斑斓的羽毛，一片火海因绚羽的投入而旺盛成世间最美的颜色。我知道，凤凰十年精成一羽，若不能忍受火海中第一次折翅的惊悸，它将褪成秃身怪鸟永被讥笑身上的瘴疬。

我笑着、奔跑着，徜徉于我的旷野。吹灭读书灯，一身都是月。"醉后不知天在水，满船清梦压星河。"轻盈的光影映来狭面上的眉目，绚丽夺目的玫瑰将明月高悬的天穹四向割开，山川是永恒的诗书，日月为我掌灯伴读。我愿成长为约翰·威廉姆斯笔下的斯通纳，以文学为慰藉，于一战硝烟之中捍卫自我的内在完整；我愿成长为黑塞笔下的纳齐斯，在求知的路上实现智能的真正觉醒，叩问生命理想姿态，并收获实现理想自我的底气与力量。这于旷野中成长所独有的，绝非在缆车上的。

付出艰辛的成长比轻易得到的美好更有力量，因为在艰辛构成的起伏跌宕中，我们得以品悟人类向前的希冀之光，是简媜"火浴过后最高层次的一种幸福"，亦是阿多尼斯"世界让我遍体鳞伤，伤口长出的却是翅膀"。我心中的山巅，是矗立云霄的通天巨塔，而艰难，则是深埋楼底的一捧泥沙。

蓦然回首，拉曼却的小道上永远留下了一个坚执的身影。垂垂老矣的堂吉诃德骑上一匹瘦马，身披生锈发霉的盔甲，不顾生活的琐碎凡俗和满身伤痕，也要追求心中的光荣与伟大。而我，亦随之于旷野中真正瞥见了乞力马扎罗山巅的一角，向上而去，不息成长。

路漫漫其修远兮，吾将上下而求索！

指导老师：吴建方

点评

本文以"缆车"比喻拾人牙慧的碎片式阅读,将其与付出艰辛的沉浸式阅读进行对比,借助文学形象突出后者的魅力,立意高远,文采斐然。作者善于将名著细节与自己的观点自由穿插,借助形象思维来阐明事理,突出了阅读给自己心灵的震撼。句式灵活多变,语言自然流畅、从容不迫,与文章内容相得益彰。

破解预言

朱 可

南京师范大学附属中学高三（2）班

少时看的故事里总有伟大的预言，说着主人公必将战胜反派，拯救世界。后来在无数书本中看见人们挣扎着伸手，企图窥探未来，预见万物的结局。《红楼梦》太虚幻境内十二钗的悲剧书写于册，《百年孤独》中羊皮卷记载着布恩迪亚家族既定的结局。结局是什么？是死亡。

这才明白少年所读故事里的预言只是"一知半解""断章取义"；预言的全貌是残酷，是对生与死的判定。主人公所见的半截预言，不过是将必然的未来稍早展现；只是命运已定，道路上的成功与否对结局似乎并无影响。预言是有用的，又是无用的。魔幻故事里的正派人物借它来获取对未来的信心，现实中——虽然预言并不存在——它只能残忍地描绘死状。

当梅尔基亚德斯带着羊皮卷来到马孔多，一代代奥雷里亚诺长居于炼金房，企图破解羊皮卷的秘密，没人会相信这个伟大的家族的结局是消失在这片土地上。故事仍然发展着，预言的羊皮卷保持沉默，但布恩迪亚家族的宿命就在书页的背面。如此残忍，故事里的人在为生存和延续挣扎，却不知灭亡是宿命——不论是第一代何塞·阿尔卡蒂奥·布恩迪亚的创新，还是最终的小奥雷里亚诺为破解预言而尽的一切努力，都无法拯救自己，以及家族命运。预言是宿命的投影，是未来的海市蜃楼，虚幻的泡影注定破灭。

这时才明白预言的内容注定不能被看见：因为这就是现实。虽常有人说自己是自己人生的主人公，但没有所谓预言告知该如何打败未来的反派。能够展现出来的预言只有毁灭。在没有预言的现实世界中，毁灭就在人人都可以看见的未来尽头。

但为何无数人追求预言、相信预言？与其说是相信预言，不如说是相信希望，渴求希望，希望绝境逢生，希望美好永存。前人们说即使知道结局也不能绝望，遁入虚无的结局是比死亡还痛苦的绝望。所以，人们常常需要希望，支撑着向前走，不至于在通往毁灭的路上也满是绝望。

"因为可以预料这座镜子之城——或蜃景之城——将在奥雷里亚诺·巴比伦全部译出羊皮卷之时被飓风抹去，从世人记忆中根除，羊皮卷上所载一切自永远至永远不会再重复，因为注定经受百年孤独的家族不会有第二次机会在大地上出现。"风带走了布恩迪亚家族，百年孤独的家族的故事就此结束，同时童年的幻想也结束了。预言被流动的时间破除，预言的现实终一点点展现在眼前。

可是希望永远无法被破除。对预言的妄想的虚妄性，才是成长对于预言的破解。

指导老师：居　田

点评

从儿时到当下对阅读生涯中关于"预言"的理解入手，勾勒出作者精神成长的历程。"预言"是宿命，注定不能被看见，进而得出结论，人们之所以相信预言，是因为人们需要希望。文章从小切口入手，对《百年孤独》进行创新性解读，挖掘预言与成长的关联，视角独特，见解深刻。

幻灭是灿烂的伊始

李雨甜

南京市宁海中学高三（8）班

几年前，在一个已经记不清名字的舞台剧中，我听到过这样一句话："生活在幻想中的人虽生犹死。"而此时此刻，这句话给我带来的感受从未如此强烈过。

我有限生命的前十六年，都生活在种种幻象的包围之中。这种幻象表现在良好的家庭条件、有序的日常生活、稳定的情绪状态，就算偶有忧愁也基本上只是条件反射。那时的我每日生活在一个表象的世界中，对于他人的悲欢离合也只有似"隔岸观火"般的抽离感，因为我拥有存于现实中的幻象的港湾与乌托邦。

但是五个月前，我人生中的第一次幻灭发生了。小高考的休息日，前一天还在准备送我去考场的外公突然去世了。回想起当时愣神木讷的情况，大抵是源于以前"隔岸观火"的东西真切地发生在自己身上的无措感。在遗体告别仪式上，我突然意识到，除了情感上永远也不可能恢复的巨大伤痛外，我原有的生活秩序——在过往十六年间一直庇护我成长的乌托邦，已经被轰然击碎，我的成长历程在此刻出现了一个无法弥补的空洞，而我不知道该怎样继续。在这时，我偶然看见了《自由在高处》这本书，书中目录上"幻灭是人生的开始"吸引了我。在这篇文章里，作者提到，有一天晚上他在做数学题时突然想念起已经过世的爷爷，这对他而言是一个标志性的精神事件，是他人生初尝幻灭的滋味。我瞬间感受到一种情感的共鸣，然后我在他之后的推想中感悟了幻灭的形成，一是知道自己想要什么（关于爱），二是意识到自己失去了什么（关于死亡）。在那天晚上，我的灵魂和当时的作者一起破土而出，在这段时间里第一次意识到我曾经拥有过什么，我已经失去了什么，泪流满面，恍然彻悟。我知道，这时我第一次站在了幻象的世界以外，一切曾经被隐忍的真实已经在我眼前徐徐展开。

可我并不知道怎样面对这一切，但我在刚刚的读书历程中隐隐找到了解决的途径。继续读书吧，我告诉自己。或许是麻痹自我，或许我能找到真正的答案。在《自由在高处》的另一个章节里，作者说，除了现实中的苦难，还有一种苦难生长于人的内心，而在这种主观苦难中，如何面对它则取决于个人内心的决断和赋予。读到这里时，一种异样而全新的感觉油然而生。一直以来我都把至亲的离去当作一种客观的苦难，怨天尤人，无法排遣情绪。但客观事实已经无法改变，我为何不从自己的内心寻找方向？"真正欺骗我们的不是生活，而是我们对生活的期望，或是有关生活的幻象。无望才是生活的真相。"《自由在高处》里也有这样一段话。这里的"无望"并非指没有希望，而是指丢弃不切实际的幻想，比如希望时光倒流，比如想象外公复生。现实总是要面对，生活总是要继续，在脱离幻象之后，书中纷繁的思想在我脑海中融合汇聚成了一个新的疑惑：人应以什么样的姿态存活于世？在幻象与现实的落差中我们该以什么样的姿态立足？也许正如《自由在高处》里说的那样，"人生而多艰，当我们被社会抛弃时，必须坚守不被自己第二次抛弃的底线，那是我们所有力量与希望的源泉"。我在这些字句的引领下找到了我灵魂深处的一种昂扬向上的生命形态。

这时我又想起了前不久刚读的《约翰·克里斯朵夫》里面的高脱弗烈特舅舅说的："你得对这新来的日子抱有虔诚的心。得爱它，尊敬它，尤其不能污辱它。便是像今天这样灰暗愁闷的日子，你也得爱。……现在是

冬天，一切都睡着。将来大地会醒过来的。你只要跟大地一样，像它那样有耐性就是了。"没有绝望的处境，只有绝望的人，我们自身的东山再起取决于我们个人自救力量的崛起，同时，这也会促成整个昂扬向上的社会风气。读到这里，苦难带来的孤独感突然被削减。整个世俗的跌宕起伏，本质上取决于每个个体的悲欢离合，不论是失去爷爷的作者，还是我自己，还是千千万万个和我遭受同样困境的人，我们共同的情感表达构成了世俗的整体风貌，同时我们自身也成为庞大尘世命运奏鸣曲的一个音符。

之后的几个月内，我把自己埋藏在书海里，尼采说上帝死了，萨特说我们自由了，加缪说我们的责任更重了，惠施说"日方中方睨，物方生方死"。他们说，人这无能者的悲怆与光辉远比万能的神之荣耀更具审美价值，一个人的死亡不过是命运对其有限的人性价值之封印，而非具体生命之否定。他们说，事物刚产生就趋于死亡，只有死在凝结永恒。我终于明白，人之所以为人的价值不会因其死亡而消解。死亡像车轮一样维持着这个世界的运转，若是没有死亡，如何迎来新生？于是，我在苦难的基石上心态更加坦然。

我个人的苦难与生命的光泽在千万本书中得到共鸣和融解，我从中汲取的无限力量犹如涓涓细流在沧海之中取一瓢饮。与此同时，我个人的跌宕起伏也同样融入了社会、世俗、人间的宏大叙事。在所有那些美丽、卑微却又不忘死而复生的命运里，我们融为一体。拜这些书所赐，我从未如此深刻地感受到与他人现世命运的共通，以及给我带来的对死亡的别样感受和在苦难中昂扬向上的生命力量；从未如此深刻地感受到幻灭不是人生的结束，而是人生的开始。而我将描摹着这幻象之外世界的轮廓，于辽阔高远的此生中继续前行。

指导老师：杨潭影

点评

　　作者以个人和两本书的故事展开全篇。作文先写自身长时间沉浸于幻想，为后文读完两本书后的幻灭与深思蓄势，突出了阅读带来的人生启示：幻灭不是人生的结束，而是人生的开始。两本书分别回答了不同心理阶段的问题，形成层进式结构，突出认识上的升华。本文情感体验与理性分析融为一体，富有感染力而又有真知灼见。如果能写到书中的道理如何指导自己在生活中做出抉择，更符合"伴我行"的主题。

吾心安处有书乡

胡亚雯

江苏省南菁高级中学高二（6）班

于我而言，阅读是一味味草药——清香，微涩，或许常见，却总能在我最需要的时刻，为我寻一处安宁。

桑叶，退目赤，止涩痛。阅读助我养成的最重要的习惯之一：擦亮眼睛，乐于发现生活中的美。幼时读书如隙中窥月，或许我并不懂得美学，但书上总有令我神驰的具象的美，隙中窥见的月亮一样昭明。我曾受过《100个童话》的影响，稚拙地对云朵说话，追逐过将沉日月；也在不懂"点点离人泪"时翻阅宋词，记住了"春色三分，二分尘土，一分流水"，在春日之时去寻这三分春色，在潜移默化中感受到了宋词的美妙。

而现在，费力地读着《谈美书简》的我，也在走入生活中渐渐明白，美学无处不在，无时不有，它就在那里，并不会因为我们无法发现而凭空消失，但会因为我们的忽略而从人类的星空陨落。当然，人类从未停止过对美的探寻，小到一本童话，大到一场厄难，其对美学的探讨从未停止，如桑，可明目。

艾叶，温中散郁。在我最叛逆的时候，我的爷爷去世。我自然明白人生的短暂，但也不是那么明白。记得第一次读《家》时，每看到一个角色死去，我就在书签上记下他的名字，一本书看下来，居然有十一个主要名字，当时我只感到震撼和恐惧，没有勇气继续读下去，以至于后来很长一段时间我都不敢重拾这本书，更不敢看接下来的两本。亲人的离去，令我开始思考怎样的一生才叫一生。

我曾不喜济慈的"此地长眠者，声明水上书"。兴许是年轻气盛，一腔热血，受不了一生过后名字真的就随水流去永不复存，但随年岁渐长，深知古往今来留名几许，把"不被遗忘"作为"死"的最高标准。直到我读了《刀锋》，与"人在死的时候，真的死得很彻底"深深共情，开始思索如何"努力为生"，如何"努力为死"。或许我可以像拉里一样不负内心，寻求人生的答案，但我不愿，不愿离开我现在的生活远去，更不愿与身边的人分离。尽管如此，拉里的故事让我看到了，爱与被爱或许才能让自己，让身边人，让已故人安心。"不如怜取眼前人"，是对生命无悔的最好的交代。于是，我终于重拾了年少不敢读下去的书。

近期读的《格特露德》也是迷茫的悲剧，摩特在乎朋友与爱人，却用了不恰当的方式对待，让自己后悔至死，让活着的人同样痛苦。而此刻的我，猛然意识到自己已从悲痛中走出许久了，时间是医治病痛的药，而让我豁达的书，如艾——苦，而温。

书如百草，我亦反思过自己年幼时是否读了那个年龄不该读的书，过于晦涩，可想来终究是年少时的许多书的指引，才在我的精神生活中种下一片百草园，是心安处，是时间带不去的。

指导老师：翟　亮

点评

本文将书比作使人"安宁"的草药，写了不同阶段不同著作的"明目""散郁"功能，读来令人耳目一新，最后以心中的"百草园"作结，收拢前文"桑""艾"两个比喻，构思新颖。作者能将议论文写得如此灵动、亲切，实属难得。前半部分如果能够多写几句扣标题中"心安"则在结构上更加浑然天成。

人间草木深，我心桃花源
——淡淡书香，诗意成长

王欣怡

扬州市江都区丁沟中学高一（2）班

夏日炎炎，蝉鸣不止，内心的躁动伴随着热意愈发剧烈，百无聊赖之际又翻开那本《人间草木》。

记得初读汪曾祺的文章，只觉得平淡，像一位陌生的老人坐在小院里和你讲故事。没有华丽的辞藻，没有精彩的描写，写写花草，写写虫鸟，还写写人物，不刻意而作，好像只是为了记录生活，叫人实在不感兴趣。

后来学业紧张起来，忙里偷闲中读着读着，才读出那么些味来，明白了读他的文章得慢慢读，如茶，需细品；否则，一些淡淡的清甜是品不出的。

像是现在，在夏天里读着《冬天》一文，却也会为里头暄腾腾的暖和、有稻草香味的床帐、有一个可以睡懒觉的寒假、暖暖的慈姑咸菜汤、下"逍遥"一类的游戏、快过年的气氛而心动。若不慢慢读完，这其中"家人闲坐，灯火可亲"的温情岂能感受得到？透过文字，那幸福感好像也能涌上心头。

再后来，去过了汪曾祺纪念馆，发现他真是文学家中的美食家，更是美食家中的生活家。在汪老的笔下，每个日子仿佛都是诗意的成长，一草一木都值得记录。他用自在的生活态度，把每个平凡的日子过得有趣。他在书里说："人不管走到哪一步，总得找点乐子，想一点办法。老是愁眉苦脸的，干吗呢！"或许正是如此的他，写出来的文章才会有"空山新雨后"的清新之味，于不经意中渗出人性的美好与诗意，让人拿得起，放不下，久读成瘾。无须多美的文字去雕饰，就让我在忙碌的学习生活中感受到了生活的真实感，在紧张与压抑中，体味到了舒服的感觉。从《人间有趣》中明白"生活处处有情趣，人间有味是清欢"，从《人间邂逅》中明白"或俗或雅，或咸或淡，都是人间"。

在如今快节奏的生活中，书里汪老那样惬意的生活，更是让人心生向往。没有繁杂琐事，不为明天或将来的事而作无用的忧虑，只关注当下，从面前的草木虫鸟中，从生活小事中找点乐子，随遇而安。"一个人思虑太多，就会失做人的乐趣"，也许有时稍稍停下脚步慢下来，让自己过得轻松一些。世间的许多事，想想竟也会觉得很有意思。可现实到底没那么多时间给你慢下来，生活中总归会有压力，所以那书中的"人间草木"也就成了我心中的"桃花源"。那"昆明的雨""北京的秋花""香港的鸟"，还有"夏天的昆虫""冬天的树"，只好到书中跟随汪老的脚步去领略，从那字里行间品味草木之下的情。暂时抛开那世事纷争，只留一颗心去静静感受。试着在学习生活的片刻闲暇时间，用心灵看清事物的本质，探寻一丝趣味。或许在某一天，我也会突然发觉人间一切那样美好……

满纸平淡言，谁解其中味？人间草木深，我心桃花源。草木虫鸟，平凡小事，淡淡书香，诗意成长。

指导老师：汤慧峰

点评

本文开头自然巧妙，一个"又"字写出了《人间草木》与我相伴已久的状态，随后作者将书中情境与个人成长相融合，写出了书

对"我"认识的深化和给"我"的人生启发。由读其书，到睹物思人，理解汪曾祺的人生趣味与境界，最后反思在快节奏的现代生活中这种人生趣味、人生境界的美学价值。全文娓娓道来，而又隽永深刻。

读书记略

陆昶屹

江苏省南通中学高二（6）班

前几年，读书圈里曾流行一句话："生命太短，普鲁斯特太长"，大感。我似乎总以为，所短者无外乎生命，读书只不过是饱腹后的加餐，不多却不可少，至于普鲁斯特和他的《追忆似水年华》，便更是未曾听闻。后来才明白，生命短是固然，可绵长的又岂止是普鲁斯特。

从图多字少到图少字多，每一本书，都折叠了一段初逢，享受与回味。书籍改朝换代了不知几轮，于是某日不觉欣欣然自得有一种可以为先生的况味，可读久了才发现，读得再多，我还是停留在斯万家的这边。似乎是再过惶惶不得又心安理得的事，便这般不经意，而又十分恰然且必然地发生了——我这一生便是再莫能知有读遍天下书的穿堂过巷之感了，但又稍稍自慰于心：扎数个猛子便算识水，于书中扎得数个猛子，虽无全览之乐，亦有知文的快感。

无数为文者未尝可知竟有一个"我"在读赏他们的墨迹，窥视他们长胡须的、生皱纹的、发如雄狮的、眼如矿井的皮囊下究竟活跃着怎样一颗血脉奔涌的心脏。卡斯达里的泉水溶上高原诸峰的积雪，从古流至今，不知为我浇灌了多少灵魂：当雪尼埃的竖琴在囚牢中苏醒，当维吉尔的白天鹅离开岸边的谷田，当老庄的青牛与蝴蝶相伴着留下一对缥缈的背影，当冯延巳挟乍起的微风吹皱了池水。书中流传了他们的话语与哲思，生活演绎了他们的笔力与神采，而历史，则留下了他们的困窘与无奈。我常常

凝望着这些苦中作乐的人，并与这书页上美好的字句与不甘的史实，遂又陷入那旷远的谜题：书，果真是忘忧水，是伊甸园，是杯觥之内足以释忧的忘川吗？

后来，我终于发现，拿起笔的，不一定都是长满创伤的手；流泻文字的，不一定都是虽苦却犹以为甜的心，锦城虽乐，可更多的是荒野与冷山。

书读得越多，越体验不到儿时经过长辈挑选后到手的书所能让我感受到的仅有的达观与欢乐，更让人痴迷的，是矫饰的缺位，反思的回唱。我很有这样一种感觉，书并非是甘泉，可灌溉一个饥渴之人的心灵，我也并不能如一张网，网住随水而下的宝藏与珍奇，毕竟，水虽无形，却是最惬意的存在。然而，做一个容器又显得蠢笨至极，显然，容纳过多，想必是有开膛破腹的风险。最终，还是做一个观者最佳，没有一滴水属于我，但每一滴水都可以折射出我一眼望不尽的星空。至于奇珍异宝，且随它去吧，亦未尝耳闻，金子的反光，能亮过一片星空。

卡尔维诺的子爵、男爵与骑士，舍予的默吟、老张与车夫们，马尔克斯的家族孤寂，莫言的礼炮……无数的人，无数的物；无数的泪水，无数的泪痕折叠而成的微笑；无数的荒谬，无数的荒谬凝缩而成的哲思。书，不是诗和远方，而是一个笑泪掺杂的人。沈从文的边城，钱锺书的围城，余华的县城，杨朔的海城……无数的城，无数而又相似的人们。我不愿做任何一城中永久的房客，或许做一名旅客才是上上之选。页启，页落，读书并不会让我遇到任何一个身外之人，而会让我遇上无数个潜在的自己，读罢热泪欲溢，方是接纳。

前不久，大江健三郎去世了，不断地失去，不断地延续，我恍然意识到，人如水逝，书却正多，思如水流，路也正长。

指导老师：孙　晨

点评

文章由对流行语的困惑与超越导入，设置悬念，吸引读者；然后，铺排书中人物和情节表现沉浸于其中的快乐；再写自己由"容器"到"观者"的转变，即通过读书遇到无数个潜在的自己。语言汪洋恣肆，情感灌注在字里行间，书中内容与作者情思融为一体。结尾戛然而止，余味悠长。

吹灭读书灯，一身都是月

刘 伟

淮安市金湖中学高一（4）班

作家曹文轩说过："读书与不读书，两边是完全不一样的气象，一面是草长莺飞，繁花似锦，一面是令人窒息的荒芜与寂寥。"依我所见，摒弃功利，纯粹的阅读，方可以书化羽，助力成长。

纯粹的阅读能让人独立思考，权衡理性。

古语有云："书犹药也，善读之可以医愚。"不会阅读的人是愚蠢的，善于阅读则可以医治愚蠢，阅读的力量无影无形也不可言喻，纯粹的阅读可以让我们发现书中的大千世界，鸟兽虫石，贫富贵贱；可以让我们听到书中的旷世妙音，望碧空而长啸，观残月而泪下，置身于纯粹的阅读中，书中墨香会化作十里春风，吹入荒芜干涸的内心，令成长之路百花齐放，暗香朦胧。

纯粹的阅读可以淡化个人悲欢，追溯人生意义。

正如鲁迅所说："悲剧就是将人生有价值的东西毁灭给人看。"我以书为介质，见证了史铁生一生的悲哀与不幸，但也看到了他在生命黯淡无光之时仍秉持火把，与无生命的地坛跨越时空长谈，在久病之中写下《病隙碎笔》，在文字跳动间化哀叹为悲悯，即使是绝境，但未至尽头便仍只顾沿途风景。我以文字感悟余华笔下个体短暂的一生，各种悲剧的尽头也许是释然，而作家将不幸与悲剧融入文字，常带给我们的却不是读后短暂的心痛与同情，而是一个悲剧之后真正的价值，是一种在文字间以有限身探无止境，身不能至，心神却犹语之的境界。由此观之，纸上得来虽浅，却终胜于无动于衷。我想，这便是读书的另一种意义所在。

观亘古书卷度灵魂，而非终日梦作鱼。在物欲横流的时代之下，在现实与虚拟的冲击之中，人们更爱抓住那触手可及的事物而不愿在虚无的思想前摇摆不定，于是读书的意义自古变成了求取仕途的唯一途径，但常言道"腹有诗书气自华"，人们在认定读书可以一改思想之鄙陋的同时，又视其为求取功名的工具，这本身便是一个矛盾。细观古之科举，本是能让寒门子弟以之入仕的天梯，却终成禁锢无数思想的枷锁，我们不难在元末明初一见儒林丑态，也不难见到愤世妒俗之人以自称"博大"的知识储备批驳他人却只为自我的虚荣。故，若借名利滋养鄙陋的灵魂，读书仅能提升知识的广度，而不能让浅薄的灵魂提升分毫。

"读书不是为了雄辩和驳斥，也不是为了轻信和盲从，而是为了思考和权衡。"读书只有回归纯粹，才能让精神的小屋牢牢立于天地之间，在简朴与宁静之中自在成长。

指导老师：罗德香

点评

这是一篇典型的议论文，开头提出观点"摒弃功利，纯粹的阅读，方可以书化羽，助力成长"。文章先从两个角度阐述纯粹阅读的价值，然后从反面论述"求取功名"式阅读的后果，最后强调中心论点。论述中，情理交融，文采斐然，富有感召力。如果能多问几个为什么，则说理更深入，例如：何为"纯粹"阅读？"纯粹"和"功利"一定矛盾吗？为"求仕"而读是如何禁锢人的？

多批判方不受人惑

张博清

江苏省清江中学高三（13）班

论及读书的作用，我们总是会立即想到"书中自有黄金屋"等人尽皆知的名言，甚至有的人还称知识都是从书中学到的。诚然，浩如烟海的书籍可以为我们提供许多知识，但读书只能给我们带来这些吗？

我们在小学的时候就将岳飞的《满江红》背得滚瓜烂熟，惊叹于诗人"壮志饥餐胡虏肉"的报国志向，却忽视了诗歌的真实性。首先，金人在东北，怎么向西北的贺兰山进攻；其次，这首诗在岳飞死后近四百年才被收录。按理来说这首诗会很出名，但是这两点不能不让人怀疑其真实性，但为什么百姓们却深信不疑呢？

探其渊薮，其本质原因在于我们没有批判性思维。我们总是依据自己所知道的知识，去评判新事物的正确与否。勒庞曾在《乌合之众》中写道：一些最普遍的信念是不易改变的，同时，理性在群体中几乎没有任何作用。因此，如果我们发出评论声称岳飞的《满江红》是"假货"，那么我们必然会遭受到全社会的批判。因为在"岳飞是抗金英雄"作为常识被公众接受的情况下，虽然我们声称的可能是真的，但是由于此与大众意识相违背（颠覆了人们的认知）而将受到非同寻常的阻力。

陈寿曾云"书读百遍，其意自见"。但在有批判性思维的人们眼里，这句话未必是对的，因为这有个前提：读的书必须要是准确的，否则读了百遍书，虽然领悟到其中的道理，但这道理本身是错的，这就与书的作用背道而驰了。

纵观历史，春秋战国的百家争鸣，秦始皇的焚书坑儒，一个让想象力飞跃、文化多元发展，一个禁锢思想、引起历史倒退。《过秦论》云"以愚黔首"。想象一下，全社会所有人每日将全部时间用于思考自己下一步做什么都可能违法，还谈什么读书。这种措施，不但没促进文化发展，反而引起学术上的灾难。

作家李敖曾警告道"小心烂中文积非成是"。里面提到的"大易输入法"由于开发时的错误，导致错误的中文流入生活，已有几十年之久，且无可逆转。"我们要留意身边错误的中文，以防日积月累导致的不可逆转的后果：身边全都是烂的中文。"

我们一生会接触到许多书籍，它们表面上虽没有什么联系，但之间难免存在相互矛盾的地方，这时我们就要去将其中最可信、最正确的拿来。古人云"多读书方不受人惑"，当正确的知识增加时，我们就可以凭借此甄别内容的可信度，从而准确判断。

鲁迅曾用推理的方式，由中国古代妇女缠足推测出孔夫子晚年有胃病这个看似离谱的逻辑关系，那我们亦可由读书可以增长见识推出批判性思维可以由读书获取。如果我们没有批判性思维，对所见所闻全盘接受而任由别人来骗我们的话，那么我们就真是——太蠢了。

指导老师：王 茜

点评

开头两段不断追问，发人深思，引出"批判性思维"的重要价值，再论述人们丧失"批判性思维"的原因以及解决方案：甄别可信度。全文条理清晰，层层深入。但对"批判性思维"的概念解析不够透彻，最后一段逻辑上不够连贯。

慎读，青少年成长之基

张乐尧

江苏省盐城中学高二（1）班

"好读书，不求甚解；每有会意，便欣然忘食"，五柳先生以真性情投身于纸山墨海的三千大世界，超然自在。这固然是阅读的一种极高境界，可真的适配于我等青少年的成长吗？不尽然。

蒙田曾提出过"文殇"二字，用周国平之语解释，便是"一个人有可能被过多的文化伤害"。而身为心智与三观方具雏形的青少年，我们无疑是在这达摩克利斯剑之下。因此，我们需要"慎读"。

"慎"，不是"畏读"以致"少读"，而是对阅读进行谨慎周全的详虑。其一，之于"读什么"，我们要切忌"繁"与"泛"。天地一气，大化如流，中国人常以"气"和"水"的眼光看世界，青少年的阅读成长亦应如是。初始，我们是浮沉变幻之气，思想是空泛多变的；成长，便使我们成为绵延之流，呈现固定之相。阅读作为这一过程中不可或缺的沉淀剂，倘若"繁""泛"，则会使心智之气"千变万化兮，未始有极"，无以致深远。诚如薛定谔所述，"生命以负熵为食"，阅读唯有文火慢炖，方得青少年心灵之醇厚，不加审慎地注入庞杂之气，只会引起无谓的熵增。

所谓慎始慎终，慎选之后。字里行间的"怎么读"同要慎待。

"人就是他所吃的东西"，费尔巴哈指出。于阅读中，这即指人对书文的透析与内化。然而，青少年对于大部分所读之物其实无法理解，否则将非常恐怖——《楚辞》"蝉翼为重，千钧为轻"的杜鹃啼血，《洛神赋》"悼良会之永绝兮"的飘渺无常……一名青少年是经历过怎样"无可奈何花落去"的悲怆，才能成为这些"他所吃的东西"！书籍中最为可贵的哲思与事理，唯有漫漫人生阅历，方能得其了然于心。我们需要保持临界距离，以客观角度审慎看待，免得过度摄取，消化不良，以致"文殃"。

有人或许会认为这可笑：若依此言，既然不会理解，青少年又为何要阅读？不妨再以现代科学的眼光解析中国古人的"气观"。青少年在阅读中汲取的，是"氧气"，可氧气终究只占据空气的极小部分，处于主导地位的，是"氮气"。人体不会利用氮气，可它仍旧随呼吸进出口鼻，流淌过身上的寸寸肌肤！它不仅使我们免于纯氧的剧毒，更是构成了生存环境。青少年对部分事物暂时的无法理解，并不意味着我们不能去接触。若无耳听目视，不去知晓事物的存在，青少年永远无法成长。书籍那位于海面之下的冰山，拓宽了我们的生存空间，为成长之道路提供了更多可能。

"读书犹如采金，有的人是沙里淘金，有的人是点石成金"，可不以"沙里淘金"的态度去阅读，又如何能有"点石成金"之效？唯有"慎读"，才能构筑青少年立身之基石。

指导老师：朱亚芳

点评

本文从谨慎选择、谨慎对待两个角度展开论述，解释青少年阅读的特殊性，条理清晰。全文多用比喻，说理清晰透彻，形象生动。倒数第二段的补充论证，似乎有些生硬，放"慎选""慎待"之前更为合适。

二等奖

丧钟不鸣

汤 宁
南京师范大学附属中学高二（1）班

一

我是山林和驯鹿的老熟人了，它们看老了我，我也把它们看老了。山里的最后一位老人走了之后，偌大的乌力楞里只有我一个人了，我就像夜里单调的篝火，没有星光。

我出生在夏天的草地上，那时候的夏天，明亮，温柔，就像天空尽头的颜色。

我的父亲叫安道尔，母亲叫瓦霞。我对他们似乎没什么印象，也许是他们走的时候我还太小。我知道父亲是个很可爱的人，这是祖母后来告诉我的。祖母在我们民族语言中叫"阿帖"。安道尔和维克特玩着，维克特把安道尔推倒在地上，安道尔非但不哭，还说，躺在地上可以看见天空中的云，真好。我也喜欢躺在草地上，看天空中的云，那些白色的，就像驯鹿崽，温柔地跳跃着、变化着。我大声笑了，我很高兴，因为阿帖说，我会成为和阿玛一样可爱的人。

我对这个世界最初的认识全部来自阿帖。阿帖说我笑起来很好看，我就又大笑了，阿帖跟着我一起笑，我很高兴。因为在这样空旷的山谷里，听见一个九十岁老人回荡的笑声，真的是很难得的事，尤其是当她看到舞蹈、雷电、风雨还有跳神都可以夺走一个个灵魂之后。

阿帖说我小时候很安静，就像，就像夏天的云，还有它们在夕阳里被镶了金边的样子。阿帖总是很有诗人气息的，我喜欢。我立即告诉她，我不是安静，是因为没有孩子和我玩。阿帖又大笑了，笑声掀起希楞柱的一角跳出去，我知道它是要把我们的欢乐报告给山神，我没有阻拦，就让兽皮毡子在风里一颤一颤的。迁居下山后，我们的兽皮毡子已经用了十多年了，每当它飘起来的时候，希楞柱里总是飘浮着细碎的绒毛，透过希楞柱的尖顶的阳光里，一闪一闪的样子，阿帖说很美。阿帖笑着笑着，眼角就亮晶晶的。我说，阿帖怎么哭了。阿帖高兴啊，阿帖有安草儿，安草儿能带给阿帖快乐啊。我很高兴，阿帖有安草儿，安草儿喜欢阿帖的眼睛，见了那么多风风雨雨，还是清澈的，就像，就像额尔古纳河的水那样。我不知道那是哪一条河的名字，但是我猜，它一定很清澈，因为阿帖是这么告诉我的。

二

是的，我叫安草儿，安草儿是个愚痴的孩子，但是安草儿也是要长大的。有一根木炭立了起来，阿帖告诉我，如果早上起来看到木炭立起来，就表示今天会来客人，要对他表示恭敬；如果是晚上，那就意味着有鬼造访，要赶快把它打倒。现在是中午，意味着什么呢？如果阿帖还在，她一定会告诉我的。

我大概十岁的时候，阿帖告诉我，我们要下山了，去一个叫激流乡的地方。马克辛姆告诉我，有一部分人要先下山了。阿帖不让我走，那我就不走。我喜欢这里的山林，喜欢这里空气里白桦树的味道，喜欢驯鹿崽躺在草地上打滚的样子，还有那蓝天白云，那是属于我的，如果我要下山，一定要把它们都带去。

我下过一次山，到激流乡，买东西，很早以前安达就不会上门了。那里有一排一排红色屋顶的、被阿帖叫作房子的东西，驯鹿被圈养了，看起来很不快活。我告诉阿帖安草儿再也不下山了，阿帖大笑了，那笑声是极令人战栗的，仿佛山崖都跟着震颤起来，我觉得阿帖这次不是快乐的，

因为我觉得，那笑声里有什么晃动的晶莹剔透的东西，流逝掉了。

当大家都下山的时候，我没有走，阿帖留在了这里。我的两个孩子被带下了山。阿帖变得忧伤了。我从河边打水回来的时候，手里拿着一束紫菊花，阿帖大笑了，阿帖最喜欢这种花，它们就像草地闪烁的眼睛，我也喜欢。阿帖拿出一只桦树花瓶，把它们插在里面。瓶子是暗色的，上面有仿佛水漾开的花纹。野菊花蓬蓬勃勃地生长着。下山的人没有再上来过，一个也没有。我们的希楞柱里还放着一只树皮袋子，里面堆放着他们搬家时落下的东西。我和阿帖说，我把这个袋子给他们送下去，阿帖又大笑了，这些东西山下都有的。

阿帖又活了许多年，很康健。阿帖走的时候，我刚刚打水回来。阿帖倚靠着一头驯鹿，躺下来，脸朝着已经不那么瓦蓝的天，天上有很可爱的白云，像驯鹿崽一样，活泼、柔软地跳跃着。阿帖的眼睛凝视着天空，很清澈，但是凝固了，就像一块冰，就像额尔古纳河的冬天，一点一点地，流到天空里去了。我把那束野菊花放在阿帖身旁，阿帖没有大笑了。

三

那一年我下山的时候，到过一个叫书摊的地方，我不识字，翻开一本，我问店员，这一行是什么。店员读给我听，"丧钟为谁而鸣"。我又问，丧钟是什么。店员涨红了脸，支吾半天，是个不好的东西。回去之后，我问过阿帖。阿帖大笑了，说，阿帖死的时候，不要葬在土里，要葬在树上，葬在风里，我点头了，阿帖说的，都是对的。如今寻找四棵相对的大树已经不那么容易了，我把阿帖生前用过的东西，放在她的身边，我没有把它们砍破，让它们完完整整地带阿帖去那个世界吧。阿帖葬在了风里。

如今安草儿也老了，笑起来，眼角是菊花纹，脸颊上是葵花纹，一个老人，我，就还要在这片山林里，度过后半生吗？阿帖似乎知道山神在召唤她，她临走前的几天，和我说了很多我无法理解的东西。阿帖，她说要我把这些记住，把它们讲给山林听，她说，山林会一代一代传下去，一直到这座山的尽头，不会断流。她说，要我留在这里，她说我的气质和山林特别相符合，如果我到一个全是人的地方，以我的愚痴，会被人耻笑的。她说，愚痴没有什么，这是山林赋予我的，是我感受自然的能力，我是幸福的。

阿帖走了，但我还有一群驯鹿，一座希楞柱，一片山林，一个永远不会断流的故事。我以前一直坚信着这些，这些年，我老了之后，尤其是一次又一次的山火映红了瓦蓝的天际的时候，我似乎明白，阿帖讲的，没有什么是永恒的，每个人都有故事，但不是每个故事都有结尾。我不知道，我走了之后，这一座希楞柱，这些驯鹿，这些器皿，这些故事，怎么办。

四

安草儿的背也驼了，安草儿不过多久，也要去了。很多次山下有人上来，告诉我要下山了。他们说，我下山了，这些东西、这些故事才能流传下去。他们不知道，这些故事，一旦离开山林，就没有灵魂了。我不愿意把这些故事，讲给不是真正想听的人，如果你们想听，那就回到山林里吧。安草儿有一肚子的故事，有一条河流，一片山林，一种孤独。

夕阳渐渐笼罩了我的希楞柱，我看到被夕阳燃成通红的草地，远方的云雾拂过岱山，橘黄的落日点缀其间。我走进希楞柱，拿起阿帖留下的、唯一的神鼓和鼓槌，燃起一团篝火。我不是萨满，我也没有神衣，但我想起阿帖说，在过去千百年的岁月里，萨满鼓声曾不时地回荡在兴安岭的山谷之中，而这，我们虔诚的祈祷与礼赞，恐怕是最后一次了。

背后有一轮巨大的红日正在缓缓没入山林。

后记：读《额尔古纳河右岸》有此感。随着一批批鄂伦春族人下山迁居，他们的丧钟，仿佛已经敲响，希望借安草儿之口，表达对鄂伦春文化的简单理解——仿佛，安草儿愚痴地、倔强顽强地坚守着，孤独，无助，苍凉。安草儿有一肚子的故事，他们在说，丧钟不鸣。

指导老师：周春梅

点评

作者用记叙文的形式来表达自己读了《额尔古纳河右岸》这本书的一些感悟，妙在把自己的理解融入文学形象中，把情和理，叙事、议论和感悟融合在一起，进行了一次"同人"的再创作。这样一种形式，出人意表，给我们眼前一亮的感觉。他把这种人口极少民族的文化上的困境、传承上的艰难，用诗一样的语言，用自己有代入感的体会，很好地表现出来，已经超越了一般中学生的水平，足见学生的底蕴和指导老师的苦心。

窃

卫天倪

南京师范大学附属中学高二（2）班

"你看，那暗无天日的地洞，不正是我们头顶的浩瀚星空吗？"

我是一只虫，一只蛀书虫，终日寓居于地洞之中，日复一日地从人类世界窃书以果腹。钻出洞穴，与世界没有过多的交谈，唯一的精神寄托，似乎便是与泥土的耳语。我早已成为图书馆的"常客"，厚重的书籍压在我弱小的身躯上，但我并未感到无助。相反，每晚的饕餮盛宴总可以使我心满意足。

地洞里的生活很宁静。一墙之隔，便恍若隔世。所谓的噪声干扰，大抵是风声与流水声罢了。

三月的夜晚，一声惊雷将我惊醒。春雨淅淅沥沥，渗进我的地洞。朦胧之间，一缕微光似乎使我睁开了双眼。我爬上前去，那是一本小书，尚未被啃食，雨水中透出"美的历程"四个字。用尽全力，我推开书本，涓涓细流刹那间变成涌进的万千江河，一旁的青山错落有致，高耸入云者多矣，然身着白衫，陶醉于云雾之间者也并不在少数。与图书馆迥异，这里没有人群，只有宏大的山水与我相伴。细细看去，山林之间也藏匿着亭台楼阁、苍松翠柏一类，富有明显的人文意趣。自"无我之境"入"有我之境"，震撼之余，我的内心多了几分喜悦。我好像感受到了什么……

地洞的生活固然宁静，但未免给人一种空虚之感。漫漫长夜，我一直苦恼于与人类世界接轨，品味他们的美，体会他们的情。藏身于人类社会

的角落，我不敢走出地洞，走出自己简单的逻辑圈。谁曾想，日复一日的窃，早已为我掘开一条新世界的隧道。

又一声雷将我惊醒，借着月光，依稀看见书页上的标题：宋元山水。

自此，我的窃书行为愈发频繁，精神的力量支撑着我奔波于路途之中。我听到了历史的回响，瞥见了人性的软弱，抚摸了山水的柔美，动情了温暖的人世。战争的残酷曾几次将我击垮，但勇士的坚强又几次将我拉回。不止一次，我为我啃书的行为而懊恼，因为激动之时，我便会不自觉地咬紧书页，破碎了原有的情节。但残缺的书页，有时竟给我留下无穷的想象……

窃书，窃的是食物，更是精神的寄托。

五月中旬，白昼渐长。窃了大批书籍的我，也想着给人类一些回报。从地洞探出头，不远处，小院中的地上散落着一张白纸。毫不犹豫，我快步上前，以躯干为笔，以泥水为墨，那仿佛不是一张白纸，而是一片特意为我留下的新天地。那一天，我出奇地改掉了啃食书页的习惯，或许，是创作的乐趣让我忘却了一切。

我与菜畦，便是整个天地。

此后的生活回归了正轨。我依旧沉迷于窃书、啃书、品书之中，建构着自己的精神家园。有一次，我窃到一本不同寻常的书，书中没有文字，还带着一丝泥土的芳香。书的封面上写着三个字：虫子书[1]。

指导老师：夏　清

---

[1] 《虫子书》为南京师范大学朱赢椿教授所编写。书中没有文字，只有昆虫自身沾墨以后在纸上留下的墨印。可以说，这本书是昆虫所写成的。

点评

  这篇文章的作者选取的这本书与众不同，它是超越文字的书，是自然的书，是生命的书。南师大朱赢椿教授的这本《虫子书》，本身就有一种先锋实验性质，有很强的突破性。南师附中的这位学生，又在此基础上进行了一些文学上的阐释，将人文和自然，将无我之境和有我之境，将精神家园和天地众生，用短短的千余字表达，达到一种水乳交融、参悟天地人生的境界，非常不易，值得反复琢磨。

带着理性的荒诞

严绍伦

苏州实验科技城校高二（12）班

"将荒诞作为出发点。"加缪在《西西弗神话》中如是说。我曾经设想过加缪很多小说里的结局，将情节在脑海里不断重演，却从未想到过比原著更好的。不管是《鼠疫》的牺牲，抑或是《局外人》的荒谬，更甚者，便是《西西弗神话》的哲理，都让我内心空泛起一阵阵虚无与荒诞。

第一次读到《鼠疫》，便被字里行间的辛辣讽刺折服。他批判着无为的政府，呼唤着麻木的人民。这也不禁让我沉沉思索：苦难究竟从何而来？诚然，我们无法抵御天灾之降，但也从未赢得过与人心的较量。世界上有两种东西不能直视，一个是太阳，一个是人心。这也正如加缪所说，"一个哪怕是能用邪理解释的世界，也不失为一个亲切的世界，在被突然剥夺了幻想和光明的世界中，人感到自己是局外人"，不带有任何情感，不掺杂任何与世界的联系。

曾经的我总认为不会有比马尔克斯的《百年孤独》更魔幻的书，不会有比萨拉马戈的《失明症漫记》更荒诞的书，直到《局外人》的出现打破了我原先所有的认知。荒诞的情节搭配着理性的文字，一如苦涩的烈酒，读完让人昏沉。"所有未了的怨恨和厌倦，统统促他坠入绝境"，就像漫漫人生路中遇到的坎坷困顿，只有化其为动力，才不至于使我们堪堪陷入虚无的精神荒原。这便是苦难的真正来源——将荒诞的情感取代理性的思维，从而不断地背离社会，乃至整个世界。

里厄大夫致力于消灭鼠疫，乃至于面对亲人的死亡也能安之若素，这种行为是荒唐的但又是自由的。随心所欲，无所顾忌，里厄大夫正是用他的自由反抗着这"荒诞的世界"。相比于里厄，默尔索就显得是被迫置身于"世界之外"。纵然如此，他也依然极力坚持自我，保持独立个性，不断与荒诞做斗争。而他那无法被人理解的行为与态度正是他对抗荒诞、自我防卫的武器。从自由人到局外人，尽管他的改变微乎其微，尽管他的改变终会被湮灭，但终将给蒙昧的生命以强烈的震撼。

由之我突然想到每个人鲜活的生命。麦金太尔说："我的故事始终内嵌在那些我由之获得的自身身份的共同体之中。"我们与社会上的每个人都息息相关，但我们又何尝不是在荒诞中茕茕孑立呢？只是我们都带着理性的荒诞，为的是在生命中探寻到真正的自我，而不是在虚无主义里迷失并毁灭自我。

就我来说，加缪已经远远超越了虚无主义。他那严肃而又严厉的沉思试图重建已被摧毁的东西，这一切都使他成为一个人道主义者。他被一种真正的道德感激励着，全身心地致力于探讨人生最基本的问题，不断地确认人类处境之荒诞。在他那里，对于事物的这种看法得到一种强有力的命令的补充，即"但是"，一种将要反叛荒诞的意志，他因此而创造了一种价值。对我来说，加缪不仅带给我他的作品，也带来了对我的启发。他让我明晰：即使世界是荒诞的，我们也应主动去迎接，主动去改变。这就是加缪，一个哲性的伟大作家，一个理性的人道主义者。他的精神将引领着我，化作一艘巨轮，载着我不断远行！

带着理性的荒诞，往往会有一片澄澈的境地，将荒诞作为出发点，并带着理性上路。

指导老师：冯兆阳

点评

  这篇文章对荒诞主义文学的理解，达到了一般高中生不具有的高度和深度。它通过阅读加缪的《西西弗神话》《鼠疫》《局外人》，去体会什么叫真正的荒诞，同时又没有陷入彻底的虚无，非常难得。本文作者和加缪一样，在荒诞之中找到了我们人类存在的价值——反抗荒诞。美国哲学家托马斯·内格尔说，我们人类之所以比动物高明，恰恰是人类能够意识到自己存在的荒诞性，这已经是非常了不得的成就。其实，我们不一定要做到像萨特、加缪等人那样找到自己的本质，超越现实的荒诞。那是我们心向往之，如果做不到，我们只要能够意识到自己的日常生活并不具有绝对的意义，能够有一点审辩性思维，能够跳出庸俗的世界、庸常的生活来观照自己的人生，这就是书籍带给我们的意义。

谁在夜晚守护着孤独的月亮

常文博

南京外国语学校高一（4）班

"满地都是六便士，而他却抬头看见了月亮。"

这句书中本没有的话却凝练了书中所想讨论的问题，这是对理想与现实深刻的探讨，也是对残酷又现实的追梦之路的启示。

斯特里克兰德，一个神性与兽性并存的伟大画家，放弃了原本的家庭、证券经纪人的职务去巴黎学画，由于"非现实主义"的画作而不被大家赏识，为了画女人的仪态夺走了帮助过自己的画商的妻子，后又在画成后抛弃她以致她服毒自杀，最后他来到了塔希提岛上回归最原始的生活，在疾病交加下灵感如泉涌。最终在死后十年，被烙下"天才"的烙印。

"前半生为了家人与生活，后半生只为自己与理想。"

毛姆以伪纪实的手法，以年轻作家"我"的视角记录着斯特里克兰德的一生，以犀利的目光观察着人性中的虚妄与软弱，带着我们隔岸观火地参与了一个超越世俗的梦。

斯特里克兰德源于高更又别于高更，又或者说，他是传奇版的高更，是摒弃一切世俗只为自己梦想的"疯子"，是从不考虑他人感受的"野兽"，但他亦是一幅画能卖到十万法郎的"成功者"。

在成功后，斯特里克兰德的古怪性格又被大众认为是成功的必需品，是艺术家的特性。

可是，何为成功？在漫漫逐梦道路上，可能我们终其一生只能证明我

们是个普通人，一个没什么天赋的普通人，那我们还会为了梦想付出一切吗？又或者说，假设斯特里克兰德未能有幸窥得艺术的真谛，他是否也只会沦为一个笑柄，一个令人诟病的反面教材呢？在他临死之际，又会后悔吗？

现在无从寻找答案。我们只知道毛姆身在一个艺术动摇的时代，一个由于相机出现而使艺术家们被迫重新考虑"艺术该何去何从"的时代。高更，后现代主义的代表者，现代艺术的引路人，他的绘画风格向原始主义迈进，以其独特的风格引领艺术走向了另一个时代。

斯特里克兰德也是那个为艺术探索道路的人，对于他来说艺术或许就是最高级别的生活，是那高悬于夜空中的月亮，而他所做的一切，也仅仅是为了用自己的灵感与热爱离那个遥不可及的梦近一点，再近一点，抬手掬一缕月光。

这种信念是浪漫的，是极具勇气的，亦是伤人的，为了一条不知处于何方的道路，献身于开拓，即使前方是巨大的未知仍奋不顾身。

我憎恨斯特里克兰德对他人的无视与玩弄，但同时不得不承认，我敬佩他对理想的执着与追求。

当然，斯特里克兰德是一个对梦想痴狂追求者的一个极端化，一个毫无人性的人。

合上书本，不禁思索"我对于梦想的执念以及追寻的代价"。作者从未从正面描写斯特里克兰德的心路历程，也从未提及"月亮与六便士"，但他却带给读者关于自己生活与理想的深切思考。

我们无法也不能像斯特里克兰德一样摘掉世俗给我们的一切枷锁，也无法为了月亮舍弃所有的六便士，但我们可以找到生活的平衡点，在毛姆的启发里感受自己生命的宽度。

愿我们都能找到独属于自己的月亮与六便士。

点评

文章写的是《月亮与六便士》,非常见功力,它能够巧妙地找出一种抽离感。本文作者不落俗套,没有盯着书中对梦想的执着一味歌颂主人公,而是能够跳出毛姆的语境,不同于常规地解读,他能够有独立的思想、自由的精神,站在一个更高的角度去反思主人公本身有没有值得我们批判的地方,从而真正带有一种批判性的眼光、审辩性的思维去研究这个问题。当然,毛姆笔下的主人公本就是一个很复杂的人,我们未见得非要用善和恶进行评价。每个人都有不同的道路,能够做一个庸常的贤妻良母、忠臣孝子,也未见得不是一种成功。

昭明台下半书生
——乡邦文献与我的乡梓情

骆楷文

江苏省常熟中学高二（15）班

"姑苏之北，有大邑焉，曰常熟。山长而水远，泉甘而土肥，民富物庶，人乐其业……"宋人沈坰尝作《乾元宫兴造记》，书丹青石之上。转眼千年，自立碑处远望，重山复岭，松竹交映，城非旧城，盛景依旧。然故祠宇，榛芜湮没，片羽无迹。文字无声，却在历史丰华中让人依稀听见无常的喟叹。

我好读乡邦文献，那是梓桑乡情生长的沃土。现代的地标，多少使人茫然于工业造物的迅速。而那故纸上的文字，似乎因着一些物事的消逝，而在绵远岁月中得以永恒。读着它们，齿颊间无端漫溢上旧日的温暖书香，而我的心灵，也隐隐融进这座城更悠长、邃远的生命历程。

这片"万井鱼鳞碧瓦丛"的土地上，有"十里横山翠欲眠"，又有"尚湖华荡舒其前"。山幽水窈，皆成逸迈笔墨，让多少文人雅士窥谷忘返，多少绣章锦句递出其间！揽读这些文字，我心戚戚：自然灵韵延绵不绝，泽被万世。它们容贮于翰墨，每读之辄喷薄而出。土风虽已变，春来"桃花如醉柳如颠"，游人依旧"笑语喧"；上元"明灯如月月如霜"，一样引人"醉迟徊"。读书之乐，便似"蓦然回首"，望穿时空，一时气和情契，怡然神悦。

所读渐多，却常常生出悲惋来——那些消逝的物事终究蒙上了一层杳渺的悲意。"北街市后有胭脂墩，墩上有古庵……"，相传春秋时，吴王阖闾爱妃李氏名胭脂，死后葬此。传说纷纭，却是同样凄婉动人。如今这处古迹竟是一张相片都不存了，遍访旧志，唯余一句"庵内花木扶疏，典雅明洁"，供人无限遐思。《瓦砾斋笔记》载："因该墩沙土可用于砌砖，二十世纪六十年代中被当地生产队逐渐挑平，曾从中发现大量印纹硬陶器及历代古器物。"读时窗外余霞成绮，一如千年前李氏于此凝眼朝霞，却是一样的胭脂颜色。

烟岚高旷里，不止有清雅的咏叹，还有一座城的无奈与凄凉。

"小市西斜水一湾，秋花秋月两婵娟"的法华寺，住过大名鼎鼎的严敏卿，来往过无数泛舟赏月的文士。待我欣然至朗城，而触目尽是厂房民居，潭水湮塞已久，不禁恍觉隔世。"无相月常白"，却不复"西村胜"，只有一句"默然兴废后"，算是古今一心了。于是悲哀地发觉我们失掉了不可多得的文化记忆，再捧卷，如同丢了一魄。

吴讷告诫乡邑后进："勿悖先圣贤之训也。"昭明台下，我亦自诩半个书生，便陡然有了一份责任。文化之传承在乎你我，这一代人更应去了解，并守护。

水土养人，文字养心。走进乡邦文献，走进一座城的恒常与无常，走进它深厚的情怀里，与它"同呼吸，共命运"。

点评

这篇文章取材有新意，抓住了传统文化热、乡土文化热。作者读了大量有关常熟的文献，可以看出其强烈的民族自豪感、家乡自豪感。同时，他用诗一样的语言写出了常熟这片土地上发生的历

史、她的文化、她的底蕴。这种家乡的存续形式、家乡的先贤留下的典籍，伴随他成为一名优秀的常熟学子。相信以后他会为常熟这座千年古邑增加更多的光彩。

山山而川，不过尔尔

陶奉仪
江苏省海门中学高一（1）班

前几年，也许是学习上的压力，抑或是其他种种，让我总是闷闷不乐，常常一个雨天就会让我焦躁而抱怨生活。

是一个安静的夜晚，城市的灯光大多熄灭，我抚过书的扉页，"人生海海"，大概又是什么大谈人生哲理的"鸡汤"书吧。一页页翻过，油墨的香气依稀可闻，我逐渐入迷了，仿佛陷入一张充满谜团的巨网，随着文中的孩子，即"我"的视角，抽丝剥茧，拨开环绕着上校的层层谜团。钦佩于作者缜密的故事架构，书中的一个个人物——上校、爷爷，抑或是恶人小瞎子都从书中走来，那一个小小的村落里，叙述着有关时代、有关人生的宏大命题。

心情从好奇到愤怒，再到深深悲戚，起落之后终究归于平静。我再用手抚过扉页，"人生海海"出自闽南语，意思是人生起起落落，如大海一般茫然。回顾这本书，脑海中挥之不去的也是一种宿命感，"命"在闽南语中读音悠长，而短促的"运"就像感慨着突然收尾。

鲁迅曾言，悲剧就是"将人生的有价值的东西毁灭给人看"。上校的苦难源于时代，源于人性，源于命运。上校的苦难让人感到压抑与悲哀，他像是一颗无限闪耀的星辰被人拽入尘埃。人言可畏，人们的愚昧无知一点一点地推着上校悲鸣着走入深渊。这不是一个人的"恶"，是群体的可怕之处，把他们拆开都是一个一个在生活碾压下无助挣扎的生灵，合在一

起又是一部杀人不见血的机器。村子里没有出场的大部分人。他们是一个又一个悲剧的推手，也是一个个受害者，时而站在潮头颐指气使，时而被巨浪掀翻，喘不过气。生活是部压榨机，把人榨成了渣子，但人本身又是压榨机中的头号零件。

上校的苦难有如千斤之负，我方才知道自己不过是"为赋新词强说愁"。

苦难是雨果笔下冉阿让的绝望，苦难是蔡崇达笔下阿太的抗争，中外作者总爱把命运写进苦难的褶皱之中，也许不用只是着眼当下，村口老人的口述亦可拼凑出一部演变的苦难史。罗曼·罗兰曾言："世界上只有一种英雄主义，那就是在看清生活的真相后依旧热爱生活。"人生潮起潮落，唯有看淡风浪，受内心指明灯驱使，方能坚定前行。暑期爆火的"三叔"，也告诉我们，真正值得歌颂的绝非苦难，而是苦难下的哀鸣与挣扎。我们聚焦于西西弗的重负的同时，却也不可忽略他的抗争。

山山而川，川川归海，这是上校的一生。他的这一片海洋呼应着时代的波澜壮阔，最后在电灯、油灯和烛光的交相辉映下，安静死去。生命的温暖与寒冷交织，归于最深最深的宁静里。

人生海海之后亦有山山而川，不过尔尔。人的一生，走过平湖烟雨，跨过岁月无常，在命运齿轮的转动下仍旧会感到无力，大多数人不是英雄，生活总令人失望，但人们仍兴高采烈地活着，是因为怀着对未来的希望，坚信能遇到更多美好的人。

这本书就像上校手中的手术刀，一层层刮开人性，一下下击中你的心，你不会号啕大哭，却一定会在心里默默流泪。书籍总是予人触动，又予人启迪。李敬泽曾说过，好的作者是走在本路上的行者，而这些书籍，与此同时也引导我们走上自己的本路。

点评

文章写的是《没有人给他写信的上校》，本文作者用一种诗意的语言把上校的一生、他的悲剧、民族的命运、自己对人生的体悟很巧妙地融合在一起。作者没有把小说故事复述一遍，再谈自己的感想，而是借助自己对人生的观照，反过头来扎进了马尔克斯笔下的魔幻大陆，同时也提到雨果笔下有类似生活经历的文学人物，得出结论：世界上只有一种英雄主义，那就是在看清生活的真相后依旧热爱生活。最终归结到，再苦难的人生、再不平的道路仍然要我们一步一步负重前行，如西西弗那般。文章把书香和成长有机融合在一起，语言干净利落，是较成功的作品。

"红楼"一曲，大梦一场
——读《红楼梦》有感

钱臆朵

南京市宁海中学高二（4）班

> 初见红楼，只一眼，外显富丽堂皇，极尽奢靡；再一端详，内里腐败阴湿，朦胧氤氲……俄而，才觉原是大梦一场空。
>
> ——题记

作为高中必读书目，《红楼梦》对于我们而言，熟悉万分；作为中国古典四大名著之首，其文学价值与艺术成就自不必多言；而作为一本伴我成长的"友"书，它于生活点滴中无形地影响着我，于思想深浅上无声地沉淀着我，于人生漫漫时无言地启迪着我。

曹雪芹先生以细腻的笔触，为我们描绘出贾府中一个个鲜活的人，各有各的个性，各有各的命运，各有各的"梦"，但终是梦异悲同。看似该书表面上在叙述封建大家族的生活琐碎之事，但内核是对一个庞大家族由兴盛至衰落的极致悲剧的悲恸，深入浅出地揭露出人性之复杂和社会之矛盾，讽刺着一个可笑的社会和其中的可怜可恨之人。

书中的大观园繁华而后落尽，各色人物的命运亦是多舛：贾宝玉不羁与放逸，逆时代之封建而行，终是出家为僧；林黛玉敏慧和孤傲，蔑视功名权贵，只叹"一朝春尽红颜老，花落人亡两不知"；薛宝钗娴雅贤良，热衷于"仕途经济"，宝玉出家后只能独守空闺，抱恨终身……

与《红楼梦》初识，是十岁时看"87版"影视剧，只觉得电视里的人物个个趣意横生，如二进大观园的刘姥姥，她扮丑相逗贾母等人笑乐，展示出乡下妇人的坦率、幽默风趣，同时该人物还见证了贾府整个前荣后辱而再起的过程。剧中，他们的人物形象异常鲜明，亦有钗环裙带，"钟鼓馔玉不足贵"……在我的脑海中镌刻下红楼初相。

又见，是初中的阅读分享，我对红楼中的建筑文化进行剖析，深入了解其中的意蕴，"可堪孤馆闭春寒"，潇湘馆隐匿在一片没遮拦的绿中，这绿将潇湘馆护在中间，安谧，孤迥，任谁都可望而不可即，从而使得潇湘馆以遗世独立之姿"粉墨登场"。"天寒翠袖薄，日暮倚修竹"恰道出馆中竹人合一，竹子恰可比黛玉化身，也是她一世情深的见证人。竹"群而不党，直而不挠，须乎有容，洁然自高"，与黛玉的孤高自傲、独标高格一致。潇湘馆只不过是众名园中一隅，窥探之已是叹赞不已，殊不知大观园之全貌更是气势磅礴、景象万千。

三遇《红楼梦》，便是今时，踏踏实实地读它，与往昔不同，我慢慢体悟到埋藏在这个冗长故事里的苍凉之隐隐和怅然之幽幽。读不尽的悲，偶尔掺杂着喜与爱，从书页间窥探大观园悲欢，会因黛玉郁结于心而凄凉离世，探春才高志远却被迫远嫁，贾府由盛转衰而不禁叹惋：终是大梦一场空。也是从这时起，《红楼梦》撼吾以宏大悲剧，晓吾以一点对于人生的懵懂感悟。

或许，活在书外的我，反反复复，游走于书开书合之隙，应是释怀了贾府人散势消，群芳落尽，欣慰着贾兰中举，后继有望，就是这样，悲剧之土并非贫瘠，其之上亦能生出希冀之花。

贾府的朽枯又何尝不是人生的映照，得意之时有，失意时亦有，读后犹感：我们应当放平心态，接受着命运的安排，纵使跌宕起伏，不必在意。"无论长短，不要辜负；无论浓淡，宠辱不惊；无论得失，一步一安然；平和心态，静心下沉。"我心中欲言。

读《红楼梦》有感，故作此篇。

指导老师：吴　锐

点评

此文主要记叙了自己阅读《红楼梦》的经历。作者将这本书从小读到大，每次读都有不同的收获，把其中精华部分展示了出来。作者更想说的是《红楼梦》这本书陪伴其成长；至于说有没有帮助其成长，作者没有讲得太仔细。或者说《红楼梦》就是其人生过程中一个很好的伙伴，能不能在伙伴身上悟出一些人生的哲理，给自己的人生一点启发，才是我们读者更想见到的。当然，作者能够从很小的时候到初中，再到高中一直沉浸在"红楼"的世界中，这本身就是一件很浪漫、很文艺的事情。

世界的绽放

胡冉月
江苏省海安高级中学高二年级

鲁迅的世界是沉睡的人们,是寂静的战场;宗璞的世界是流淌的紫藤萝花瀑布,是北大燕园的一草一木;汪曾祺的世界是人间烟火,是人间真情……从书籍中望去,我们看见的是个体之外的大千世界,是这世界中倒映的自己。

卡勒德·胡塞尔的世界有自己在异国他乡的苦难与挣扎,更有阿富汗人战火纷飞、误解遮天的苦难生活。已在美国定居、生活安定的他当然可以选择闭眼不看,不去触碰苦难的曾经,但他没有,正如阿米尔选择回到阿富汗,他选择写下《追风筝的人》将真实的阿富汗展现于世界,将利剑刺向自己,刺向世界。他走近了自己,走进了世界,他也让阿富汗走近了世界。在胡塞尔笔下的世界中,我们不仅看到了真实的阿富汗,更看到了一颗无私的充满爱的痛苦的心灵。那遥远的再也回不去、融不进的阿富汗乡土啊,是他一生的执念。

或许我们都是这样,在与世界的碰撞中睁开双眼,找到自己此生不问归途的前往,不再输给无情逝去的时间。

《百年孤独》里奥雷里亚诺上校大半生在战场上,打赢一场场对他来说毫无意义的战争,他似乎在为自由而战,却仿佛一架战斗机器为各方所利用,清醒又糊涂。他一眼望去,或许只看到苍茫的荒野,终其一生奔忙于荒野,而归于荒芜。他一生中最为美好的时刻,或许就在于完成一条条

极为费工夫的小金鱼的时候吧。精神的荒野里有鱼一尾，游动之间，或能带来些许慰藉。于是在生命的最后，他又重启作坊造金鱼，寻回内心的平静，安度晚年。

奥雷里亚诺上校的小金鱼就像是人生的目标，一场场战斗就像是我们在与"乱花渐欲迷人眼"的大千世界做斗争，是坚守自己的一尾金鱼，还是随波逐流，在无尽的荒野上无所适从。上校的离开再回来其实也说明，现实的世界很大很大，大到难以看清我们的倒映，我们难免会迷失方向。制作小金鱼也不是一蹴而就，在一鳞一焰的打磨中，小金鱼逐渐清晰，我们的心与灵也逐渐有了获得宁静与实现自我的幸福。《欧也妮·葛朗台》中，少女从充满鲜花、爱情与希望的多彩世界，逐渐坠入金钱的世界，她的天真与真诚不再，但万幸，她留住了善良的金鱼，跟着它穿过人生的荒野，在帮助穷人的同时也救赎了自己。

生活也是如此，花花世界迷人眼，惶惶乎岁月蹉跎。人生苦短，难以追逐全部，只能有所取舍，追着一条小金鱼走过短短一生。正如李子柒，在外打工，做服务员等等也赚过不少钱，但她选择跟着回乡的小金鱼去发现乡村的美好，在她现在的一眼望去里是山川秀美，是农家日常，是淡雅宁静，是行迹鲜明的前往。

站在入世的路口，曾经踏入过的千万书籍世界在我耳畔低嘱：勇敢地迈出去，去发现自己的一尾金鱼，跟随它走过人生，走过人世，哪怕像奥雷里亚诺上校一样出走半生，归来也依然能有方向，心中仍有火在燃烧，眼中仍有光芒闪烁，生命之花仍在盛放。

这是书籍给予我的成长的力量，在书籍营造的疯狂幻觉世界的不远处，有我的永不言弃与坚定求索。

指导老师：贲　玥

点评

此文列举了好几本文学名著,《追风筝的人》《百年孤独》《欧也尼·葛朗台》等,作者都有独到的见解,名著让自己的人生观、价值观得到多次洗礼。作者说书籍增强了她前进的力量,扣住了征文的主题,所选的三本书,也是非常值得大家反复阅读体会的名篇。语言相对来说比较朴实,娓娓道来,没有什么矫揉造作的地方。高中生在习作中能这样平实诚恳地写出自己的真情实感,已经非常可贵了。

阅己，悦己，越己

朱思蕊

扬州市仙城中学高三（1）班

我们常说这是个"内卷"之风盛行的时代，我们步履匆匆，都在想着怎么样去提升自己。《人民日报》曾提出自我提升的三个境界——"阅己，悦己，越己"。在我看来，达到这三个境界最好的方法，就是读书。

阅己，是因为我们在读书的过程中能够认清自己，反省自己，"未经审视的人生，是不值得过的"。我们常常能在一本书中感受到和主人公有相似的经历，因此内心触动，而这样相似的经历如果是有些苦涩的，在感同身受的同时，我们也能够受到启发，甚至是受到激励。当你感到生活琐碎的时候，打开书，你会听到茨威格在《人类群星闪耀时》里说："人类最伟大，最生死攸关的时候，往往发现在某个特定的瞬间，而这个世界总是要经过漫长的等待之后，才会出现这一群星闪耀的时刻。"那些灿若繁星的纸片人，照亮了我们的路，指引着我们去认清自己前行的方向。

悦己，是因为读书能让我们悦纳自己，成为自己。莫言在《晚熟的人》里写道："真正的强大不是对抗，而是允许发生。允许遗憾，愚蠢，丑恶，虚伪，允许付出没有回报。当你允许这一切后，你会逐渐变成一个柔软放松舒展的人。"我们每个人都在找自己的桃花源，桃花源里有两条路，第一条是渔人之路，是忽逢桃花源的路；而第二条路，是他处处志之，却再也不复此路的问津之路。而我们常常会去找那条问津之路，希望找到捷径，希望规避所有的风险，可这条路是怎么找也找不到的。阅读，便是在走渔人之路，我们不必想着去找到更好的自己，而是在阅读的过程中更好地成为自己。

越己，是在读书的过程中我们能够超越自己，找到另一种可能。读书的作用，不是"我读了多少书"这么简单，而是在潜移默化中影响着我们所做的种种选择，指引着我们向前。读过史铁生先生笔下的文字，我们就能够感受到那种在生命悬崖边上仍然高歌的来自文字的力量。这些文字或许在当下并不能立即反馈出它的作用，但读过每一本书，就像是你扣下扳机，环顾四周，没有人受伤，你以为这是开了空枪，可是在某个瞬间，你回一回头，那子弹会正中眉心。因为你已经认清了自己，接受了自己，还已经成为自己，此刻，你才能够去超越自己，从问津之路走向渔人之路。这时，你不用处处志之，也能够豁然开朗。

"'内卷'太严重怎么办？"

"读书。读书破万卷。"

指导老师：陶　迁

点评

此文采用了标准考场议论文的形式，用三个概念串起全篇，层层递进，条理清晰，可称"眉目清秀"。在这样一种常见的形式下，旧的瓶子装了新的酒，提到了《人类群星闪耀时》《晚熟的人》等一批文学名著，揭示出要想在这样一个"内卷"的、庸俗的世界认识自己、取悦自己、超越自己，只有通过读书，让书籍陪伴我们成长。作者从理性的角度来谈一种普遍的规律，未尝不是很好的思路。立论的视角保持在相对超然的高度，同时也蕴含着不少个人阅读时候的喜悦和哲思。文章读来非常有板眼、有深度，是一篇既适合考场又适合征文的佳作。

目送成长

尤钧诚

江苏省靖江高级中学高一（13）班

午后，带着有些倦意的头脑斜靠到阳台上，顺手从书柜中抽出一本书，书因年代有些久，已经泛黄，但那封面上的书名在阳光的照耀下愈发耀眼。

霎时，我的思绪似飘上了云端，空气中似乎弥漫着儿时所熟悉的清香……

犹记得，儿时无意间翻寻妈妈的抽屉时，这本书曾一度吸引了我的注意，清新隽永的文风，连贯顺畅的表述，便将我浸润在文字的葳蕤诗意中了。或许那时我并不理解书中所渗透出的内涵，更无法了解妈妈喜爱这本书的原因。

待到我略大些，有了一定的文学素养，那字里行间所表现出的浓浓亲情，叩击着我的心扉，也让我对这本书有了自己的感悟与理解。文章写了作者儿子的成长历程，作者见证了儿子由依赖自己而逐渐变得孤单独立，分别时回头的次数也越变越少，作者期待儿子的回头，却又深知孩子长大后终将远去，这种期待无根且无望。那时的我便常常会想，我和妈妈的关系是否也会变成这样，又或者更加疏远呢？于是我便会在每个分别时刻，和妈妈礼貌告别。有时走出很远也想回去再看看妈妈那翘首遥望的身影，然后朝着她的方向挥着手。我只是单纯地想要呵护与妈妈之间的关系，担心会真的像书中所写的那样。

后来，随着我越来越大，小学毕业，上初中，升高中，父母也在不经意间慢慢老去，成长中的我也在不断接触着新鲜事物。有一天我突然发现，与父母单独共处时，总会感到不自在。当离开父母时，望着他们的身影，我已没有了儿时的恋恋不舍，更多的是自由与快乐。我不知是从何而起，但在快乐之余，又有一种莫名的歉意涌上心头。"我是不是变坏了呢？是不是开始讨厌父母了？"这个问题曾一度萦绕在我的心上，直至我又翻开这本书。其中的一段话解开了我心中的谜团：父母与子女间的代沟终将推移横亘在两代人之间，便纵是同路也不愿搭同一部车的理由，或许只有每一个经历过成长的少年才可知晓。少年用一把锁锁上了他的心，明确地告诉父母："目送足矣，不必追。"

有许多人常说，成长有时就是一瞬间的事。恰如其言，我在品读完书中蕴含哲理的片段后，像是在那么一夜之间长大了许多，适逢其会，猝不及防。大概这也是与父母关系疏远的原因了，或许他们早已明了这世间的规律，便愿意在我每次对他们的冷淡表现中默不作声，愿意用他们的受伤内心换我此后的自在独行。父母行为的深意在那时被悟出，于是感激与歉意更深。

而如今，已迈入高中大门的我，父母却仍是放心不下，仍要目送着我进入校门才离开，这像极了母子两代的目送。原来天下的父母都是这般，从不肯轻易言说自己的担忧；他们只是在你背后这样看着，这样默默注视着你，知道你一切都好，才能稍稍放下自己担忧牵挂的心，默许着你走远，直至走出他们的视线。若是能就这样走出他们的视线，实现独立，我们也就算真真正正的长大了；若是不能，走不下去中途易辙了，回过头，他们仍旧是我们的港湾。

"目送足矣，不必追。"我一路的成长似是与书中的主人公相吻合；同时，书中的哲理与真情像是一盏明灯，照亮了我儿时至青春的成长历程，也指明了我今后未知的前路。

指导老师：朱倩雨

点评

文章紧扣了"成长"二字，书和人的关系摆得清楚，说得明白，颇为不易。一个小品，一段真情，凡俗的烟火气是治愈我们时代矜骄浮夸的良药。温暖的亲情又是高中生最熟悉的成长领域，配合母亲留下的书香，相得益彰。

庄子可医"现代病"

蒋浩轩

江苏省泗阳中学高二（4）班

这是一个庄子被边缘化的时代，这也是一个能被庄子拯救的时代。庄子本人距离我们很远，可庄子的思想与我们的心灵很近。

当下的物欲囚禁了大多数的人。个体只要心存欲望，就禁不起功名利禄的诱惑，禁不起诱惑便会渐渐沉迷于此，终沦为诱惑的玩物。想活得好的人扎堆了，精致利己主义充斥着人们的内心，完全功利的人生观左右着个体的行动，人们的努力、刻苦，人们的智慧、理想都成了欲望的奴仆。

金钱成了衡量人们价值的标准，级别决定着人们的能力，无财无势就是失败的人生，这样的价值观使很多人丧失了原有的幸福感。一个任凭物欲支配道德的人，又能干出什么杰出的事业呢？

谁能让我们的欲望淡化些？谁能让我们浮躁的灵魂安静些？庄子或许可以。莫谈庄子一生贫困潦倒，他还留下了智慧。《庄子》成了经典，庄子千古不朽。虽然庄子一生穷困，可他也一生富有。

相传，庄子连去见魏王都穿粗衣、草鞋，他这副模样让魏王很是惊讶："为何先生这般狼狈？"庄子却气定神闲地说道："破衣烂鞋是贫困，精神空虚、道德低下才是狼狈，我只是贫困而已。"

出众的智慧、非凡的哲学思想与文学才华很自然地让庄子产生了强烈的自尊感。所以，当魏王怜悯庄子之时，庄子便以教师的口吻教导了魏王。

在庄子看来，物质的贫困并不可怜，道德的空虚才可悲。这是贫穷的"得道之人"对富贵俗人居高临下的教导，这种反常理的态度便是庄子自尊感的表现。

一位学者在分析时说，贫穷会给人带来精神上的三种东西：一是自卑感，二是自尊感，三是超越感。贫困的庄子在帝王面前不自卑，是思想与智慧让他有了独立的人格与自信！

庄子什么也没有，只剩下智慧了。尽管如此，他也秉持着自尊，拥有着超凡脱俗的傲骨。他坚守着自己，义无反顾地与物欲化社会保持对立。

现代人在物质条件上无疑远胜于庄子。但很多人都过于追求物质，以至于被功利吞噬进物欲的深渊而不能自已。

但庄子与众不同，他再贫困也不沮丧，更不追求富有，而是超越了一般人的态度，超越了贫穷与富贵。由此观之，他的精神绝不拘泥于此。

我们虽然不能成为庄子，但完全可以体会《庄子》的精神境界，在基本温饱之后，我们为何不能做到脱俗，让心灵"空虚"一段时间呢？

人的欲望是无限的，可人获取物质的能力是有限的。我们实在不必将宝贵的时间浪费在扩充自己的"有限"上。毕竟，谁不向往自由？谁又愿意受制于他物呢？

当代人读《庄子》，当然不是崇尚庄子的无欲无求，但庄子的人格中自我超越的格局的确能带给现代人一片天空，我们的生存需要厚重的大地，但我们的心灵无疆，它应该比欲望还辽阔，满足它的驰骋，我们也需要庄子！

指导老师：姜祝萍

点评

作者对庄子本人思想的理解，集中在他安贫乐道，以智慧超越贫困，以"道"超越"器"，追求一种绝对自由的"逍遥游"境界。他讲述了自己知道的发生在庄子身上的几件小故事，对《庄子》也有一些总结和提炼；还有一种借古说今、针砭时弊的文人风骨，值得我们欣赏。不足在于文章缺少对《庄子》具体的解读，更像是对庄周本人传记的评赞。

那些你陪我走过的时光

李 鑫

连云港市东海县第二中学高一（23）班

挚友万卷：

见信好！

星河横流，岁月成碑。与你相识已然数载春秋，纵有千言万语，却觉词不达意，难以言表，思前想后，终是作此双鲤，还望你会意。

已不知识你些许时日，但觉与你的时光总岁月静好。依稀记得少时一身情况，略觉自己惊才绝艳，未曾细细了解过你，总是为了消磨时光就草草了事，只在偶尔兴趣之处才会驻足。那时我是如此急躁，时日不多便换了手中书籍，却从未真正领略到那份书香。

又过几两清风，我也渐年少，功课似乎毫无保留地取代了你，我仅能忙里偷闲，去好好看看你。那时我不再急躁，忙碌让我无法再保持足够的精力，似乎陪你，成了我生活的避风港。可是我还是没有好好看过你，似乎你只成了我索取休闲的工具，而你依旧无言，似乎觉得我们相伴就好。

如今浪涛尽，我已洗去铅华，逐渐有了自己的世界观。我从未有过的，觉得你是如此之好，懊悔曾浪费流年，见不到你的惊艳。那些年过往，我们一起在长安街感受千古骚客挥毫泼墨；在东陆的草原扬鞭策马，看部落间打打杀杀；在幻想中少年与龙翱翔，终是没了牵挂；在三国看尽人间世故无量；在金陵看怀古凭吊；在红楼中听那一曲石头记，看说书人出神入化。

我似乎知道了你要告诉我些什么，你借先生之语，让我助他举起那独大的火炬；你借儒圣之言，让我丰富内涵；你借教员之诲，让我知这浩渺中国，需要我的一份力量。那时你终是笑了，你知道我已会意你，你轻触我的发丝，转首而去，我不再需要你驻足等候，因为我已懂得跟上你的脚步，不再需要你无微不至的陪伴。

我终于可以独当一面，有了自己对你的片面理解，似是远远不够，但不再需要你等我，我学着你的教诲，积极地面对生活，不再逃避功课，因为我知道你说过，生活需要我的热忱。这一次我热泪盈眶，因为远方，书香满园，你在那园中望我，待我。

十数年花季，难以表达我的感谢，你授予我满身书香，伴我一路成长，你不在意我的年少无知，你知道我终会幡然醒悟。那遥远的路上，我还欲与你相伴，踏一路长风，抵人生彼岸。

愿繁华落尽，你我皆好！

不才小友

指导老师：王迎娜

点评

此文谈了自己读书的生活，读书的生活给自己有很大的帮助，作者列举了一些书籍的名称，也讲出了一些自己的思索，但是没有什么特别具体的叙述或者介绍。文章采用了书信体，通篇抒情意味比较浓，可以当作议论文，也可以当作抒情散文。仿佛他在和书籍对话，这种对话给人一种代入感，很有抒情性、感染力，但缺少了一些理性的思考和具体怎么帮助成长的现实历程。如果能写得更加实在一点儿，或许会更好。

以书为鉴的文学漫步

张渝庶

江苏省响水中学高二（19）班

李世民曾言："以铜为鉴（亦有版本作'镜'），可以正衣冠；以古为鉴，可以知兴替；以人为鉴，可以明得失。"而我更愿为其添一层内涵：人以书为鉴，可以明事理，品百味，悟人生。

人以书为鉴，可以明事理。"书中自有颜如玉，书中自有黄金屋。"纵观人类的发展历史，从十六世纪到十七世纪的近代科学革命起，文明的进程开始以史无前例的速度大步向前。究其原因，是人类掌握了正确的思考方式和科学的研究方法，科技的突飞猛进带来了巨大的推动力。在如今的信息化时代，我们应避免形成先入为主的观念和做出轻率的结论。阅读安德里亚·戴宾克的《我会独立思考》，我认识到批判性思维并非与生俱来，想要拥有独立思考的能力就需要不断的训练，也对明辨事理——"在理性的冰川之下，将谣言扼杀于愚昧无知的温柔"有了一定的理解。

人以书为鉴，可以品百味。孔夫子曾言："《诗》可以兴，可以观，可以群，可以怨。"诵读诗歌，我爱"一道残阳铺水中，半江瑟瑟半江红"的壮烈；也爱"千山鸟飞绝，万径人踪灭"的肃杀。我愿意跟随着王维在戈壁黄沙中，叹"大漠孤烟直，长河落日圆"；也愿意跟随王勃在巍峨滕王阁，观"落霞与孤鹜齐飞，秋水共长天一色"；更想跟随纳兰性德"山一程，水一程""风一更，雪一更"在天涯羁旅中共鸣身漂异乡、梦回家园的意境。我为苏东坡的"竹杖芒鞋轻胜马，谁怕？一蓑烟雨任平生"的豁达胸襟所折服；惊叹于杜少陵"安得广厦千万间，大庇天下寒士俱欢颜"的壮志抱负。

人以书为鉴，可以悟人生。生活在今天的我们，仿佛被绑在一条高速运转的传送带上，不得喘息。我们该如何安放自己的身心，把握生命的节奏？怎样忙里偷闲，闹中取静呢？《菜根谭》的具体意见是："忙里要偷闲，须先向闲时讨个把柄；闹中要取静，须先从静处立个主宰。不然未有不因境而迁，随事而靡者。"不管怎样喧闹忙碌，都应当事忙心不忙，事乱心不乱，能够瞬间抽离，安定身心。而做到这一点就必须学会"晴带雨伞，饱带干粮"，利用零散的闲暇时间将要做的事进行布局安排，在心情平静，头脑清醒的时候立下主见、重点优先。如此才能以不变应万变，"水流任急境常静，花落虽频意自闲"。

杨绛先生认为："读书是为了遇见更好的自己。"带一卷书，走十里路，选一块清净地，看天、看鸟、读书，倦了时，和身在青草绵绵处漫步，岂不痛哉？

指导老师：李　娜

点评

这是一篇标准的考场议论文。当然，我们说形式无优劣，境界有高下。这一篇议论文的境界还是高的，虽然形式比较常见，但作者有板有眼地写出以书为鉴的重要作用。自己在文学漫步中体会到《诗经》《菜根谭》等文学名著给我们带来人生的真谛。文中大量古诗词的引用也可见作者非同一般的文学素养。如果说能够选取某一本书，把它谈得深刻点，或许可以获得更好的效果。

透过书之窗

姚睿齐

江苏省东海高级中学高二（7）班

罗曼·罗兰曾说："没有人是为了读书而读书，而是在书中读自己，在书中发现自己，或检查自己。"何出此言？

我试着从书这一本源中寻找答案。

于是，《静默有时，倾诉有时》八个大字犹如一叶小舟缓缓驶入我的心河，在水面荡起漪痕，久弥不散。

这是一本随笔。这陈年的破碎光影，带着日光残留着的温热气息，在笔尖荡涤开来，融入回忆的长河里。

书中的伍尔芙矛盾痛苦，嗜爱文字，有着一种有教养的智性的势利；尤瑟纳尔自由却孤独，不羁却胆怯，受困于得失的囚笼漫度余年；玛格丽特可怜可恨，可悲可叹，活成了自己的纪念碑，却在车祸中草草了结自己的一生……儿时翻阅，只惊愕于她们的神经质，亦为其多情与复杂，纠缠与迷茫而唏嘘不已。可当我逐渐见识历史的盛衰，生活的苦辛，世途之坎壈，物是与人非，便不由得为我赤裸而单纯的思想蒙上一层生活的鹑衣，悟出别样的合理性。

曾觉得伍尔芙脆弱犀利，倨傲造作，但当我了解她扭曲的童年，才明白文字对她薄弱神经结实度的保护与支撑性，她看似轻浮的自杀背后那不甘与形而下生活苟且求和的无畏勇气；曾觉得尤瑟纳尔风流多情，洒脱豪气，但当我于现在的时间线驻足，窥探在另一个平行空间为岔路抉择踟蹰不前的过去之己时，才明白尤瑟纳尔晚年瘦骨嶙峋的苍白文字里浸透着的得失感悟与悲彻万分；曾觉得玛格丽特汲汲求名，跳梁小丑，可当我站在台下，看着领奖台上曾属于我的位置时，也不由得明白她对名声的追求亦是对过去自己的缅怀与慰藉……

这或许就是一本好书之于人生的意义。

我们虽然不能完全理解或与书中的人感同身受，但也可或多或少地从一纸文稿中汲取如微光般的精神养分。我们大可以说，一本好书亦充当着"成长见证人"的角色。或许只有真正经历过相似的事情，才能懂得其中真味。黎戈平和有光，安稳度日，行云流水，或许也正是因见证过形形色色的人与故事，才将内心的浮躁化为光滑的鹅卵石，静静沉在心底，再激不起一丝涟漪。幼时之乐，中年之悲，终会化作老年之叹，逝于云烟。

掩卷覃思，眺望窗外，我想，我已找到答案。透过书的窗口，是人生，像时间，回复往返。

指导老师：董婷婷

点评

此文写了一本随笔，选材相对来说与众不同，对这本随笔的理解比较深刻，语言非常灵动，用词也非常雅致。但这本书给作者本人带来了哪些成长指导，并没有写得很充分，或许"纸上得来终觉浅"，此事可能还要继续躬行。

书香墨浓，伴我同行

陆 川

盐城市阜宁县第一高级中学高三（18）班

书是面包，多读止饥；书是良药，善读医愚；书是益友，选读悟道与我而言；书是清铃，唤醒混沌的记忆；书是蜜糖，在苦涩中带来一丝甜蜜；书是黑暗中的灯塔，让我看见诗与远方。

书墨初入鼻，清铃晓世界

想起牙牙学语时，被父亲抱坐在腿上，大手包着小手，一起看一本散发着不知名气味的泛黄的书。那画着红色枫叶的封面是童年最清晰的画面。内部的诗是深奥的，只是跟读罢了。但现在每每看见"君不见黄河之水天上来，奔流到海不复回"，仍是会感到亲切。这是我与书的初次见面，也可能是第一次书墨香入鼻，混沌中看见一丝清醒。

书墨入体肤，蜜糖味无穷

少时，年岁稍长，但心智未长。做事永远慢人一拍，看世界却是单纯的，那时学业渐重，无忧无虑玩耍的时间少了。一天七八个小时坐在桌前，面对的是无聊的数学题，背不完的"ABCD"。偏偏课桌正对着的就是玩耍的操场，其他孩子的嬉闹声传入耳中，根本无心做题。哭闹无用，抗议无效，只好随手拿起一本课外书看。从连环画到拼音版《西游记》再到一本本小学语文课本，我不再听见楼下传来的声音，不再感到无聊。我沉浸在了一个个或伤感，或热血，或激动的故事中，为红军老军需官舍己为人的故事而叹惋，为放牛娃羊小二的家国情怀而触怀，为《党费》中女主人公的革命情怀而热泪盈眶。于成长而言，书是在无法释放天性、长期内心苦涩时的一颗蜜糖，给人甜蜜的滋味，令人回味无穷。

书墨浸入骨中，光亮照亮前方

生不过十八载，书已成手中习。读书的习惯，从小学到初中再到高中，伴我走过了每一个春夏秋冬。书于我，是伙伴，是良师益友，帮我建立起了正确的人生观、价值观、世界观。虽然上了高中，我的闲暇时间一缩再缩，但每当遇到困难之时，我还是会习惯性地从书中寻求动力。于《人间值得》中寻求生命的意义，给予我热爱生活的勇气；在《徐霞客游记》中感悟心怀天下，志在四方；从《活着》中明白了只有不回头的前进，用力地活下去，才可能用面对苦难时的勇气和坚强，来弥补一切的遗憾。这是现今为止我与书的故事，但还没有结尾，我想跟着书籍攀上更高的山，去看红日照耀前方。

读书是成长中的精神补给，给予灵魂滋润，给予动力前进。能在世俗浮华中找一处静地，沏一壶清茶，燃一盏淡香，于长河落日圆的无限美景中静心凝神。

指导老师：王　军

点评

文章在形式上有创新，用几个小标题把自己童年、少年、青年三个阶段读了哪些书，有哪些感受，获得哪些成长，条分缕析、清清楚楚地写了出来。从连环画、《西游记》到《徐霞客游记》，再到《活着》，作者阅读的品位逐渐在提高，精神境界也在不断提升，语言很有感染力。囿于篇幅，文章没有展开，如果能够再加上具体的细节或许会更加感人。

书香氤氲，且行且歌

李 鑫

盐城市射阳县高级中学高一（15）班

"最好的药物是忙碌，最好的治愈是读书，最好的爱情是自爱，最好的自爱是自律。"

如果说岁月是一叶扁舟，那么书则是一片汪洋。坐在舟上，荡漾在大海中，手里捧着泛黄的书本，墨香也氤氲四周，而我乐在其中。

"人生得意须尽欢，莫使金樽空对月。"人生得意时就应当纵情欢乐，不要让这金杯无酒空对明月；"天生我材必有用，千金散尽还复来。"你高歌，你豪饮，你满腔热血如涛涌；"凤兮凤兮，何德之衰？"只有辽阔的山野能容下你；"风雨晦明之间俯仰百变，云卷云舒之时心淡如水。""追风赶月莫停留，平芜尽处是春山。""人生南北多歧路，君向潇湘我向秦。"春风十里不如你，春风十里不如书香。书香氤氲，且行且歌。

从哲学的观点来看，读书的意义，不仅要从个体的知识需要来理解，更重要的是，把读书作为人类历史性的活动的实践来理解，从人类文明传承发展的需要来理解。读书是为了给你想走的路做一个铺垫，你想走的路或许充斥着困难险阻布满荆棘，你也许会碰壁会哭，会被外界因素所影响，而读书，就是让你时时清醒。先辈们为中华之崛起而读书，而现在的我们，为中华民族繁荣复兴而读书。书香氤氲，且行且歌。中华人民共和国一路走来，也氤氲着书香，也且行且歌，在国际奏响了多少令人骄傲的赞歌。

多读书并不是为了雄辩和驳斥,而是在碰到问题时,自己可以多一些思考与权衡,少一些盲从和轻信。多读书是为了为中华民族伟大复兴梦的实现添砖加瓦,是为了实现人民对美好生活的向往。

我是如此丰盈,比一穗麦子沉重,但我只是低着头,享受着书香的氤氲的时刻。金鱼酱笔下的《假如爱有告别》(别名《人间告白》)是她在纪念自己患癌死去的丈夫。书中描述了一个小家从两个人变成了三个人最终又变成两个人的故事,以最真挚的情感,极朴实的话语,表达对去世丈夫的无尽思念。"我看万物像你,我看你像万物。""彩虹一定会有的,但不是上天的恩赐,而是我们自己争取回来的。"被泪水浸湿的人生,有多痛就有多勇敢。这一出人间告白不是绝响,是永念,自有无尽的回声。

余华笔下辛辣尖锐的《我胆小如鼠》揭露了大多数底层人的现实生活。"我胆小如鼠的无力又深沉的现实悲伤生活不是这样,不是那样,它是一种不可道明的荒诞。"经历总是比回忆鲜明有力,回忆在岁月消逝后出现如同一根稻草漂浮到溺水者眼前,自我的拯救仅仅是象征。

史铁生《我与地坛》好像写了很多遗憾,讲述了他从童话里走出来的每一个故事。"童话的缺憾不在于它太美,而在于它必要走进一个更为纷繁而严酷的世界,那时只怕它太娇嫩。"

我读过各种类型的书,无数次思考读书的意义,到现在,我才终于能读懂,读书是为了梦想。那些隐晦难懂的知识被我反复咀嚼,在我心里生根发芽,成为我为自己种下的一棵大树,一棵可以为我遮风挡雨的大树。

书香氤氲,且行且歌。愿你我都能真心热爱所学,同心中所向行至天光,同书香共缠绵。

指导老师:廖凤菊

点评

这篇文章从哲学的角度来论证读书的意义,以及给作者带来的成长助力。比如,他提到了余华的《我胆小如鼠》、史铁生的《我与地坛》,同时从哲学维度又谈到了整个国际风云、世界大势,立论很高,角度很新,视野很广,这是此文的妙处。

攀一程生命的峰峦

潘文鸿

无锡市辅仁高级中学高一（15）班

书，是再熟悉不过的了，成长的伊始，我们便听着那句"书籍是人类进步的阶梯"，跌跌撞撞地开始了阅读的历程。哲人曾言："一个人的阅读史，就是一个人的生命史。"不错的，那些我们曾读过的文字都会成为我们身后的足迹，谱写着属于我们的成长之歌。

如果说，时间是刻画成长的标尺，那么阅读便是打通过去和现在、现在与未来的桥梁，这一头是我，前方亦是我，那个更好的我。面对大自然塑造自己所用的模子，卢梭坦言是"阅读比我的工作更能唤起高尚的情感"，打破了模子，最终认识到"我生来便和我所见到的任何人不同"，得到了自我的成长。

我亦有这样的感受。书海无垠，其中的每一滴水都有着自己的色彩，带给我以不同的收获：阅读《悉达多》，让我懂得了只有知识可以授之于人，真正的智慧须自己觅得；阅读《浮士德》，让我明白了唯有拾起"将我的小我扩大成为它的大我"的使命，方能收获值得"逗留一下吧，你是那样美"的幸福……无论是远方的乞力马扎罗的雪，抑或是脚下那条光荣的荆棘路，阅读已成为我成长道路上不可或缺的风景，是毛姆笔下可以随身携带的避难所。

书香不仅伴我踏过精神的高地，更让身为中华民族之一粟的我愈加自信于自己的身份。回望悠悠岁月，铺展历历汗青。在史书的字里行间，我

读到了他们的故事：驼铃声声，像张骞踏过脚下的黄沙，义无反顾走向迢迢天山；破毡旧袭，苏武迎着风雪在北海雪原踽踽独行，挥一挥羊鞭，那是节旌掉落的旌节在风雪中划出残影……在卷帙浩繁的史册中，这些中华文明的群星将跃动的光芒汇成民族的共同记忆，成就了中华文化的千载流传，构建了我对民族与文化的深深认同。

从纸媒时代跨入屏媒时代，阅读的机会似乎越来越唾手可得，但我们似乎正离书香越来越远。在快节奏的生活催逼下，许多人受即时快感所役使，抛弃了阅读的习惯。但若没有阅读这座可供灵魂攀登的峰峦，只听凭一生混同众多的轻尘，随风而舞，随水而逝，我们又该如何识别自己的存在呢？

面对书香的去留，金庸已给出了自己的答案——"只要有书读，做人就幸福"，让灵魂攀一程生命的峰峦！

指导老师：周　瑾

点评

文章语言通顺优美，作者文字功底了得。此文是一篇抒情式的散文佳构。作者读过《悉达多》，读过《浮士德》，读过《史记》。他在这些名著中遨游，感觉到有书读就很幸福。正如西塞罗所说的："如果你有一座花园和一座图书馆，你就拥有了你所需要的一切。"可以看出作者读了很多书，而且语言功底非常好，只是受到考场作文范式的影响，在表达的深度上仍然有值得进一步发掘的空间。

于书香中听见力量，于现实中展望将来

高雅静

常州市三河口高级中学高三（3）班

暮色四合，乘一叶扁舟，来到历史的彼岸，中学书本里的故事变得鲜活。来到唐朝，我听见李白高呼"蜀道之难，难于上青天，使人听此凋朱颜"；走到北宋，我看着苏子与客泛舟谈人生，写下"苟非吾之所有，非一毫而莫取"；游历元朝，我读着游子马致远写下的"夕阳西下，断肠人在天涯"；路过明朝，我看见归有光于孤独中执笔，写下"庭有枇杷树，吾妻死之年所手植也，今已亭亭如盖矣"；停留清朝，我看见曹雪芹笔下"开到荼蘼花事了，尘烟过，知多少"的悲叹。

书带来力量，力量催人前进，我们从历史中回望，在时光流逝中变得更勇敢。但若听完故事就置之不理，让故事只是成为故事，获得的力量也就随之而散。知行合一，触动于情尤为重要，此之谓听于心，而重于行、行则至，而动于情、情之切，而在传承。

听于心，而重于行。中学时，为课本里"以中有足乐者，不知口体之奉不若人"的宋濂潸然泪下，长大后，为黄博士的一句"我走了很远的路，吃了很多的苦，才将这份博士学位论文送到你的面前"湿了眼眶。虽处不同时代，有那么一瞬间，光洒下照亮了两个人，激励着一代又一代人。路途再远总会到达，古今同赴不再孤单。

行则至，而动于情。我们从悬梁刺股中，学习古人刻苦求学之坚韧品质；我们从愚公移山中，感受赓续家族使命之至死方休；我们从百年党史

中感受革命先辈在国破山河碎时誓死杀敌之顽强拼搏。我们在故事中汲取养分，在文字中获得共鸣，带着真切的情感体悟百味人生。

情之切，而在传承。中华民族五千年文明传承，滋养每一个中华民族儿女的心。作为唯一一个延续到现在的文明古国，我想，大概是因为这片土地上这些温良的人们从未放弃。百年前，民族危难之际，无数爱国志士挺身而出，于黑夜中为新中国探索救国之路。而如今，疫情肆虐之时，医生和护士坚守阵地，我们攻克了一个个难关，完成一件件不可能的事。时代在变，年轻的面孔在变，中国人的精神一直扎根于这片土地。

岁月无声，先人远去，当代青年，使命在肩。如今中国正向第二个百年奋斗目标进军，作为主力军，我们更应担起重责，讲好中国故事，为实现中华民族伟大复兴的中国梦不懈奋斗，让世界看到中国人代代相传的民族精神。

指导老师：袁子皓

点评

文章语言非常优美，带有抒情散文的风格。作者没有具体地去深究某一本书，而是把整个中华文明中最优美的那些诗篇、文章串联起来，以情为线索，以岁月为指针，把中华文化博大精深的原因归结于中华民族伟大复兴的中国梦，立论堂皇，气势磅礴。

品书之韵味，守心之清幽

何 梅

东台市三仓中学高二（10）班

阳光明朗，偶有余闲，于百无聊赖时，携一卷书，一杯茗，于淡雅之中，避绝尘世的喧嚣，在美的感悟之中，守候内心的方寸清幽。惬意之余，以读书充盈自己，方不负时光。

读万卷书，行万里路。捧起一本好书，静下心来，细细体会其间的字字句句，感受它们之间所构建的一个个我们不曾到达过的世界，从精神上"行万里路"。

轻轻捻起一页纸，翻过，飘来的阵阵书香，氤氲旖旎，荡涤了俗世的惊扰，留下了岁月的惊艳。我曾品读遗存千年的古之佳作《论语》，其内容大多为孔夫子以雍容和顺之心，对政治、审美、道德伦理、功利等价值的思考感悟。由于被后人所记录，这才让我有了感受它魅力的机会。

从"居之无倦，行之以忠"，我读懂了要有热爱之心，投身社会的敬业抱负；从"子绝四：毋意，毋必，毋固，毋我"，我读懂了要有完善道德，提升人格修养的人生态度；从"志士不忘在沟壑，勇士不忘丧其元"，我读懂了要有英勇无畏，埋头苦干的准则追求……

"恰是人间惊鸿客，墨染星辰云水间"，书是前人留给我们最为珍贵的一份礼物，于我而言，书是吾心的惊鸿客。读《乡土中国》，便知国之本色，民之本心；读《三国演义》，便知春秋之浩荡，家国之情怀，读《红楼梦》，便知古之家族之豪奢，爱情之悲欢……书唤醒我心灵深处共情的

灵魂，它指引我跨过万水千山，越过万丈荆棘，穿越时空，追寻我最纯真的初心，最热切的期许。

《庄子》有言，"泉涸，鱼相与处于陆，相呴以湿，相濡以沫，不如相忘于江湖，与其誉尧而非桀也，不如两忘而化其道。"书之于人，正如水之于鱼。有水方汩汩流淌，生生不息。

月落星沉，天光从鸦羽般黑沉的夜中乍然破出，走过危机四伏的成长，迷惘的人，终究寻找到方向；我亦从书中追寻到自己未来的方向，在未来写出独属于自己的那本"书"，将自己与祖国的未来之"书"相融。

请于时光清浅处，慢品书之韵味，茗之清香，心之清幽。

指导老师：陈　敏

点评

这篇文章在语言上颇有可圈可点之处，作者驾驭文字的功底很清晰地展现在读者的面前。他通过自己读《论语》《乡土中国》《三国演义》《庄子》《红楼梦》等名著，有了不少人生感悟，同时有诗一般的语言把它们展现出来，全文更像一篇抒情的散文诗。如果作者能把这些巨著中的一些核心观点，或最感人的东西展示出来，阐释清楚，可能会取得更大的成功。

诗酒趁年华

刘姝丽

盐城市滨海县明达中学高二（8）班

人若蜉蝣，穷其一生，目光所及，不过人间一隅。唯书籍可载人们抵达未知之地，同不曾经历的人生相遇。

书籍让生活不仅有油盐酱醋，还有琴棋书画，诗和远方。幼时，总想做个邮差，骑着自行车去访问千山万水，浏览大好河山。随着成长，我逐渐知道人总有很多的束缚，为了生活，人们有时不得不抛弃理想，为了生计奔波。于是我将万千之情寄于文字。让文字抵达我脚步无法丈量之地，目光所不能及之处。让文字做那位邮差，替我访遍千山万水。"读万卷书，行万里路。"古人诚不我欺。

读书给予人内在的力量。坚韧勇敢，自强不息……这些美好的精神，大多是通过书籍流传下来。当人们遭遇挫折，那股坚持不懈，那股奋发进取的昂扬喷薄而出的时候，那便是书籍的魅力，文字的力量。因为我们也不知道在何时，那些曾经浏览过的文字，化作一缕缕能量，充实在我们的四肢百骸，当紧急关头，它们便会一拥而上，告诉我们，你应当坚韧、不懈、善良、仁慈……便如食物的养分，虽然记不清菜谱，而养分早已化为内在的力量。

"《诗》可以兴，可以观，可以群，可以怨。"谁说书籍无声？它是"会当凌绝顶，一览众山小"的豪情呐喊，是"问君西游何时还，畏途巉岩不可攀"的担心忧虑，是"一蓑烟雨任平生"的恬淡适从。古往今来人

们通过书籍呐喊，抒发内心的激昂慷慨，也让我们窥探古人内心，学习做人道理。这也许是我们读书的意义。

书籍塑造精神，有了自我的思想，成就自己。这种成就不仅体现在科考时的加官晋爵，更在于先见之明。不管是王安石变法，又或者是张居正改革，这些改革家的高瞻远瞩皆是从书籍中获取，以书中之理，明晓古今，在汲取众书之长，形成自己的思想。由此可见，书以明智，成就了每一个读书人，让他们熠熠生辉。

不读书的人，难免会陷入无尽的迷惘。不知未来的路，在黑夜中，被迷雾笼罩，半颗星光也无。没有了做人的依据，不懂如何反驳，甚至于生活的辛苦也会比别人多上百倍，终生只听见一种声音，在一个不知名的小地方，潦草地过完一生。而书籍之灯，恰恰驱散了浮躁，使人只留下一身的月光，照耀自己，也温暖了他人。读书的意义，在于拒绝时有底气，遇到困难时内心足够强大。也许肉体束缚一隅，然而灵魂永远在路上。

文字得以温暖人心，书籍让生活多彩，让时代进步。早在一百多年前，书籍塑造了那群年轻人，用信仰塑造了全新的民族、一个重新站起来的中国。如今，书籍是青年人安身立命之本，是洗去浮华烦躁的良药。青年人读书追梦，永远都是进行时。

斗转星移，世事变迁。无论是古人的高歌咏唱，还是当代年轻人读书追梦，人们对书籍的热爱从未改变。

"且将新火试新茶，诗酒趁年华。"

指导老师：陈菲娜

点评

文章用诗一样的语言描写了自己的读书经历,扣住"兴观群怨"的核心思想,有理有据,法度森严。站在改革的大旗下,以王安石和张居正的浩然正气,为读书人张目;又有李白、苏轼的超逸豪放,新人耳目。全文紧扣住征文的主题,真真切切把读书之乐、读书之用、读书之旨阐释得清楚明白,尤为不易。

附录

获奖名单

		小学组		
序号	作品名称	作者	学校班级	指导老师
		一等奖		
1	自古执卷方致远	刘诗韵	泰州市姜堰区东桥小学教育集团东板桥校区六（4）班	张改凤
2	书香里的运河	徐子婉	淮安市实验小学五（4）班	朱从浩
3	做新时代的"花木兰"	王思语	南京市力学小学四（6）班	秦祥涛
4	坚持与热爱的种子 ——读《熊猫小四》有感	邵明灿	南京市中华中学附属小学五（1）班	陆 健
5	我在书中拾级而上	张珈宁	泰州市实验小学五（2）班	陈红芳
6	阅读如镜	蔡泓吟	南京师范大学附属中学新城小学四（2）班	邵宇辰
7	追梦少年，逐梦北斗	卞鹏然	张家港市白鹿小学五（6）班	吴海芳
8	书，见证我们的友谊	吴佳岩	江阴市澄江中心小学四（2）班	王 晖
9	我的读书成长史	李嘉图	盐城市力行小学三（2）班	王开玲
10	最是书香能致远	刘正卿	南京市游府西街小学五（5）班	李 莉
		二等奖		
1	读一页书，寻一片光	胡芮菲	南通大学附属实验小学五（9）班	袁 航
2	一本书打开一扇窗	刘科含	泰州市靖江外国语学校六（2）班	陈海霞
3	"三味书屋"新解	肖依凡	江苏省启东市实验小学五（5）班	郁桂红
4	浸润书香	柏欣悦	盐城市经济技术开发区实验学校六（4）班	吕丽娜
5	信仰，照亮生命之光 ——读《红星照耀中国》有感	刘 畅	常州市武进区崔桥小学六（5）班	俞秋枫
6	轻风暖阳送书香	金 果	淮安市外国语实验小学六（9）班	孙高峰
7	总有那么一束光	李轶可	丹阳市埤城中心小学六（4）班	赵 琼

237

续表

		小学组		
序号	作品名称	作者	学校班级	指导老师
8	遇见，看见	李熵辉	徐州市华润小学五（10）班	胡雨蒙
9	书香缠绵，沫书深邃	蒋啸	江苏省南通师范学校第二附属小学五（4）班	
10	化茧成蝶，逆风飞翔——读《树孩》有感	刘文轩	常州市博爱小学六（13）班	李如
11	案板下的读书声	李昴泽珵	石家庄市中山西路小学四（1）班	
12	以书为友	胡灏辰	苏州市吴江区实验小学教育集团爱德校区四（5）班	张赟
13	书中知吾乡	华梓宁	镇江市实验小学六（8）班	花蕾
14	人可以被毁灭，但不能被打败	黄项潆	南京市拉萨路小学五（1）班	谢婧
15	我与《传承》的故事	周昕辰	南京师范大学附属中学新城小学四（10）班	陶亚玲
16	仰望星河，筑梦九天	杨政纶	淮安小学五（10）班	刘芬芬
17	有着年久失修味道的书	傅星皓	南京市鼓楼实验小学三（6）班	
18	毛毛虫的启示	丁柳萱	无锡市五爱小学五（3）班	张志毓
19	书香，我的"围城"！	赵梓夷	江苏省连云港师范高等专科学校第三附属小学三（2）班	程思佳
20	小勺回家了	顾书逸	盐城市亭湖新区实验小学三（13）班	陈榕
		三等奖		
1	最是书香能致远	来思睿	句容市崇明小学六（1）班	纪璐仙
2	插上想象的翅膀，创造无限的可能——读《吹牛大王历险记》有感	王可儿	南京市力学小学力人学校三（11）班	丁巍
3	品书之韵，会书之意	赵亮	泰州市姜堰区城西实验学校六（2）班	卞小燕
4	纷华不染，独立与成长	奚佳璐	常州市湖塘桥第二实验小学六（7）班	吴群
5	书香中的宛转流年	何婧琪	淮安市实验小学五（11）班	赵青
6	盈盈书香，环绕心房	姚欣仪	泰州市靖江外国语学校六（3）班	钱娟
7	我的"书式"时光	路云扬	常州市武进区星河实验小学四（6）班	孙晔隽
8	我是个"小书痴"	李一诺	连云港市东海县和平路小学四（1）班	朱海龙

续表

序号	作品名称	作者	学校班级	指导老师
小学组				
9	红星照耀我前进	石悦	南京市力学小学四（5）班	岳豫
10	废弃的古园，永远的怀念	袁梁阳	泰州市姜堰区第二实验小学教育集团康华校区六（2）班	花宏
11	童年在书香中浸润	陈希萌	盐城市建湖县向阳路小学六（9）班	彭苏华
12	光阴之外	张伊	南京市银城小学五（6）班	孙长松
13	阅读的力量	孙梓菡	扬中市新坝中心小学六（1）班	姚琳
14	我的"书适"生活	林子靖	泰州市姜堰区东桥小学教育集团凤凰园校区六（1）班	张梅
15	悠悠书香岁月长	陶妍汐	淮安市清河实验小学五（8）班	张颖
16	遇见语文书中的美好	杨广胜	常州市武进区崔桥小学五（4）班	孙浵
17	一眼千年，浩瀚有书	潘思文	盐城市阜宁县实验小学向阳路校区五（5）班	王鑫
18	与书为友，其乐无穷	张于洋	扬中市外国语小学六（3）班	朱红云
19	慢漫读"三国"	陆贝尔	南京市力学小学四（7）班	王颖
20	走进芦苇深处	孟智远	盐城市神州路小学四（7）班	徐思琦
21	如有诗书藏于心，悠悠岁月不觉深	徐浩羽	镇江市宝塔路小学五（4）班	杜燕
22	美食中的哲学 ——读《把自己放进汤里》有感	夏雨晨	苏州工业园区娄葑实验小学四（3）班	许磊
23	书香伴我行 ——读《汉字书法之美》有感	吴奕璇	南京师范大学附属中学新城小学五（11）班	崔晓星
24	书迷梦想家	羊翊嘉	无锡市吴桥实验小学四（1）班	陆芳
25	我的"三味书屋"	夏睿泽	南通市实验小学五年级	秦建芳
26	读书的滋味	王喆缘	句容市崇明小学六（1）班	纪璐仙
27	那花，那书，那成长的路	张馨怡	淮安市北京路小学四（7）班	刘春香
28	我家的读书时刻	顾欣冉	江苏省南通师范学校第二附属小学五年级	唐颖颖
29	一本小旧书	云泓慈	苏州工业园区车坊实验小学三（13）班	杜金婷
30	做纯真如初的自己 ——读《小王子》有感	薛晴心	南京市银城小学六（5）班	白雪

续表

小学组					
序号	作品名称	作者	学校班级	指导老师	
优秀奖					
1	墨沁书香	严跃玲	淮安市周恩来红军小学六（14）班	陆　娟
2	爱与生命——读《昆虫记》有感	王禹朱	常州市博爱小学三（9）班	许枫烨
3	阅读新成长，神奇4D书	余辰熙	南京市力学小学四（6）班	秦祥涛
4	无声的成长	杨依然	淮安市周恩来红军小学四（15）班	李艳平
5	好书不厌百回读	吴嘉怡	南京市力学小学力人学校三（12）班	王　黎
6	读书亦美妙，至乐如读书	朱亚宸	扬州市邗江区美琪学校四（4）班	钱　存
7	书香永伴	李菲阳	淮阴师范学院第一附属小学六（17）班	徐林林
8	你好，长城	方嘉辰	南京市北京东路小学一（4）班	朱燕娴
9	跋涉远方，兀自芬芳	王　婷	常州市新北区九里小学六（1）班	郝　丹
10	我爱读唐诗	周雨姗	扬州市汶河小学东区校三（10）班	肖　慧 张婷婷
11	挽一缕书香盈袖	郑楫云	泰州市城东中心小学鼓楼校区五（6）班	李　昕
12	梦想，在阅读中成长	曹蕊琪	常州市武进区南塘桥学校六（1）班	陆　静
13	好书，伴我成长	黄靖尧	淮安市实验小学五（10）班	周　新
14	翱翔在书籍的天空	张雨佑	徐州市华润小学五（4）班	蔡亚丽
15	榜样如光，引我前行	蔡铭泽	镇江市丹徒实验学校六（6）班	孙　丽
16	于书香里成长，在阅读中感悟	严一壹	南通市启秀市北小学五（6）班	顾　云
17	与书同游世界	赵鑫权	扬州市竹西小学四（1）班	王舒婷
18	我心飞翔——我的梦	史梁志	宿迁市泗阳县实验小学五（16）班	段明月
19	典籍伴我成长——闻一朝书香，品千年风雨	汪炳丞	东台市时堰镇后港小学六（1）班	赵爱红
20	以坚持为翼，展翅逆飞	李思滕	盐城市阜宁县实验小学向阳路校区五（3）班	刘　颖
21	这一刻，我长大了	王佳慧	南通市通州湾第一实验小学六（3）班	郁　伟
22	让墨色书香滋润心灵之花	祁语彤	扬州市宝应县城中小学六（4）班	朱　驰

续表

小学组				
序号	作品名称	作者	学校班级	指导老师
23	竹林深处，书香阵阵	时梦雪	扬州市江都区华君外国语学校五（3）班	闫 婷
24	在六便士中追寻自己的月亮 ——我的阅读"追光之旅"	李宛喆	南京市力学小学五（1）班	陈小燕
25	一本书，一个梦	邹一桢	常州市新北区香槟湖小学四（8）班	由凤柏
26	缕缕书香伴成长，少年梦想正启航	周辰昕	淮安生态文化旅游区实验小学五（7）班	张吉敏
27	相识·相知·相守	朱沐晨	盐城市大丰区草堰小学三（1）班	张旭娣
28	书香里的文学梦	洪艺恩	常州市湖塘桥第二实验小学六（11）班	卢佳倩
29	缕缕书香伴我前行	张 蕊	扬州市育才小学四（9）班	郑蓓蓓
30	阅读·梦想·星光	陈誉文	盐城市响水县实验小学五（9）班	潘井芝
31	慢尝书香	袁一菡	盐城市射阳县小学六（4）班	薛 青
32	书香浓郁，快乐成长	徐承丘	东台市南沈灶镇小学六（2）班	诸葛玉洁
33	书香伴成长，筑梦向未来	朱保成	淮安小学四（3）班	谢红静
34	用书页飞向文明 ——我和《博物馆里的中国》的故事	吴桐羽	南京市拉萨路小学四（2）班	李姝菡
35	那些陪伴我成长的好书	谢雨楠	淮安小学五（3）班	吴玉兵
36	与书香为伴，与智慧同行	刘芊羽	淮安市实验小学五（12）班	刘 平
37	不会消失的朋友	李佳琪	无锡市新吴区新苑实验小学五（3）班	杨 莉
38	书香伴我行之探索红楼	赵清怡	南京市石鼓路小学五（3）班	胡 萍
39	书海辽阔，任我遨游	朱清源	宜兴市城南实验小学四（10）班	黄飞云
40	随着书本去旅行	孙浩铭	南京师范大学附属中学新城小学	
41	读《青铜葵花》有感	曹盛淇	常州市博爱小学五（7）班	周洵伊
42	我的乡村读书小屋	符 筱	南京市瑞金北村小学二（7）班	
43	心田半亩，一缕书香	韩心悦	盐城市神州路小学三（5）班	刘 慧
44	丢下面具，寻找自我 ——读《戴面具的我》有感	史博晗	南京外国语学校明远小学五（3）班	马 媛
45	三秋书屋	沙杨 煜轩	南京市游府西街小学五（4）班	

241

续表

小学组					
序号	作品名称	作者	学校班级	指导老师	
46	成大事者，必先读书百遍	卜铭成	扬州市邗江区美琪学校六（4）班	魏 扬	
47	纸上的瑰宝	李亭彤	泰兴市鼓楼小学六（8）班	毛益俊	
48	送你一棵爱心树	王梓源	扬州市梅岭小学梅岭校区一（8）班	王 昱	
49	时代向前，吾辈向上 ——读《骆驼祥子》有感	陈泽然	南京外国语学校方山分校五（4）班	朱 艳	
50	我与皮皮的故事	张慕陈	徐州市奎山中心小学三（3）班	张 炜	
51	人生路，惟书香可致远	王思蕊	南京市栖霞区摄山星城小学五（4）班	陈明玉	
52	让书香陪伴我们慢慢成长	王泓岚	丹阳市麦溪中心小学六（1）班	吴红伟	
53	西北望长安	严倩兮	南京市游府西街小学六（1）班	戴 玲	
54	生如夏花，死如秋叶	季沐瑶	南京师范大学附属中学黄山路小学六（3）班	陈 辉	
55	品读经典，寻觅东坡	王春意	江阴市长寿实验小学五（8）班	王凯磊	
56	读书有讲究	梁嘉月	南京市同仁小学三（1）班	侯永萍	
57	给林格伦奶奶的一封信	张梓萌	无锡市春阳实验学校四（6）班	王雪娟	
58	《虫子旁》里的虫世界	查俊池	南京市力学小学力人学校三（2）班		
59	最是书香能致远	姚乐萱	江阴市实验小学六（9）班	费杏英	
60	一路诗韵	陈语盈	无锡市五爱小学五（6）班	虞 薇	
61	阅读——你是我生命的指南针	徐韵蕾	扬中市崇德小学五（2）班	金建霞	
62	泛舟于书香弥漫的学海	刘承源	镇江第一外国语学校附属小学五（5）班	盈江燕	
63	我的哲学家朋友	李静溪	扬州市梅岭小学五（5）班	沈 珣	
64	路与灯的尽头是信仰	蒋雨宸	镇江市谏壁中心小学六（3）班	赵 霞	
65	漫漫书路邀我翱翔，缕缕书香伴我成长	谭佳峰	扬中市长旺中心小学六（1）班	陈 丹	
66	书香里的童年	倪圜淇	江苏省连云港师范高等专科学校第二附属小学五（10）班	郭根华	
67	经典伴我成长	陆奕潼	江苏省海门经济技术开发区小学五（1）班	黄 燕	
68	爱上小古文	王安祺	苏州市金筑实验小学五（10）班	吴梅珍	

续表

小学组				
序号	作品名称	作者	学校班级	指导老师
69	谱写昆虫生命的诗	王依晨	苏州市善耕实验小学校四（7）班	刘亚萍
70	曲径通书香，悦读伴成长	张芷萱	南京市银城小学五（6）班	孙长松
71	门前风景雨来佳	张彦煦	泰州市城东中心小学鼓楼校区六（4）班	陈 娟
72	一路书香，一路成长	张潇予	镇江第一外国语学校附属小学四（8）班	夏 晔
73	芬芳馥郁的书	周宣池	淮安市外国语实验小学三（2）班	赵慧娟
74	我和我的阅读"朋友"	朱峻逸	南京市琅琊路小学三（4）班	查晓玲
75	《筑梦九天》砥砺我们逐梦成长	史若琳	太仓市朱棣文小学五（7）班	费虹琴
76	四季书虫	王栃辉	南京市力学小学二（4）班	朱蔚旻
77	书给予的陪伴	彭致宇	连云港市东海县西双湖小学六（2）班	唐 祎
78	为了梦想勇往直前 ——我与彼得兔共成长	顾瑞桦	南京市芳草园小学二（6）班	梁影影
79	我与《三国演义》的三次邂逅	唐 皓	泰兴市南沙小学五（2）班	黄 燕
80	我的好朋友——书	刘翊桐	淮安生态文化旅游区沁春路小学一（7）班	蒋延延
81	读《在烈火中永生》有感	于志远	宿迁市泗阳县实验小学六（4）班	蒋学猛
82	爱上读书	高睿一	南京市琅琊路小学四（2）班	韦 芳
83	再困难也要乐观面对 ——读《青铜葵花》有感	陈梓墨	南京市天正小学五（1）班	李 靖
84	家有"小书虫"	陆 羽	南京市栖霞区摄山星城小学天佐路校区四（3）班	范佳洁
85	漫漫人生路——读《西游记》有感	凌羽辰	南京市游府西街小学五（7）班	汤 敏
86	书香无尽，伴我成长	徐启迅	江苏省连云港师范高等专科学校第三附属小学六（8）班	杨 惠
87	淡淡墨香，伴我成长	蔡铭洋	南京市力学小学五（4）班	宋金奇
88	漂亮的失败	朱玲希	淮安市周恩来红军小学六（11）班	张飞兰
89	闻书香	郑淳栩	南京河西外国语学校小学部一（1）班	陆永双
90	银鞍白马少年时 ——读《李白传》有感	耿一菲	南京市芳草园小学凤凰校区四（7）班	林善钧

续表

小学组					
序号	作品名称	作者	学校班级	指导老师
91	书香为伴，共同成长	丁星泽	无锡市春城实验小学第一校区四（5）班	包宇梦
92	未来，无限可能 ——读《元宇宙系列丛书》有感	方思哲	常州市新北区香槟湖小学四（1）班	储薇薇
93	敦煌莫高窟，文化是深情 ——《敦煌守望四十天》读后感	孙泽宇	苏州市金筑实验小学校五（9）班	曹滢
94	有一束光，照亮我的世界	郑惜予	淮安市外国语实验小学六（7）班	崔梦玲
95	书中自有智无穷	邱曹一	扬州市高邮第一小学五（6）班	周梅华
96	我的乐园	张奕涵	南京市琅琊路小学四（5）班	杨卉
97	一个人，一辈子，一件事 ——读《勋章》有感	王泊然	常熟市实验小学五（8）班	徐春凤
98	书海泛舟	肖汤慕	苏州市昆山经济技术开发区中华园小学四（10）班	高晓倩
99	读万卷书，行万里路	吉章尧	南京市夫子庙小学三（2）班	晋锋
100	好书伴我成长	周心俞	南通经济技术开发区星湖小学三（11）班	俞漪

初中组

序号	作品名称	作者	学校班级	指导老师
\multicolumn{5}{c}{一等奖}					

序号	作品名称	作者	学校班级	指导老师
1	三读《水浒传》	徐浩轩	南京市鼓楼实验中学初三（7）班	周盼盼
2	那棵树·那首诗·那个我	张雨晨	扬州市平山实验学校初一（4）班	孔德俭
3	书香缱绻，岁月生香	朱睿敏	丹阳市云阳学校初二（2）班	黄冬琴
4	香菱教我学唱歌	程薛仔	南京市雨花台中学初二（12）班	葛磊
5	这样的守护很中国——读《我心归处是敦煌》有感	徐子悠	兴化市昭阳湖初级中学初二（27）班	吴海霞
6	最后的胜利者	孙宁	盐城市鹿鸣路初级中学初一（19）班	唐阅
7	读书与傲慢的不等式	戴宇翔	扬中市第一中学初二（4）班	何军
8	再见，童年	孙欣旗	南京航空航天大学附属初级中学初一（9）班	张颖
9	书香·黄昏	董沐含	江苏省淮阴中学（新城校区）初三（10）班	陈瑶
10	追梦	张洁	盐城市金丰路初级中学初一（1）班	周以红

二等奖

序号	作品名称	作者	学校班级	指导老师
1	犹是园外人	王雨嘉	太仓市第一中学初二（8）班	李润于
2	过火后的光明	史慧妍	靖江市实验学校初一（7）班	何波
3	书里书外	张润东	沭阳如东实验学校初二（14）班	
4	有一位好友，有一种旅途	郑馨儿	苏州科技城外国语学校初二学森班	吴素芳
5	感谢有你，陪我长大	薛湘岚	常州市武进区湖塘桥初级中学初二（20）班	贺一丹
6	书友·书师	陶心怡	句容市华阳中学初三（1）班	张苗
7	书香伴我行	高楠熙	南京航空航天大学附属初级中学初一（9）班	张颖
8	我的朋友，开卷有益	徐桦琳	江阴市璜土中学初二（7）班	龚雅霏
9	书的光芒	张家赫	山东省临沂商城实验学校初二（7）班	闫晶晶
10	书，成长与生命之歌	冉弘宇生	南京市致远初级中学初二（5）班	王亚念
11	难忘公公手抄的那本书	张恩典	南京市钟英中学初一（15）班	滕之先

续表

		初中组			
序号	作品名称	作者	学校班级	指导老师
12	读书·品香·成长	梅 婷	常州市北环中学初一（6）班	宁 静
13	墨韵书香，伴我成长	翟以然	扬州市江都区第二中学初一（10）班	冯 旭
14	书香致远，筑梦中华	卢梓萌	南京市鼓楼实验中学初一（10）班	
15	《红楼梦》感悟——我成长的记录	李思婷	扬州市翠岗中学初二（3）班	房佳楠
16	书香中的世界	鞠亚宇	泰州市扬子江初级中学初一（4）班	李海丽
17	书香·成长	陈嘉仪	丹阳市界牌中学初三（5）班	钱 敏
18	答案	房子越	兴化市板桥初级中学初一（2）班	卫 丹
19	追光者	葛雨昕	盐城市鹿鸣路初级中学初二（3）班	
20	书香伴我成长	郁雯为	淮安曙光双语学校初二（3）班	
		三等奖			
1	书香层层环绕着生活	舒心怡	南京航空航天大学附属初级中学初二（5）班	
2	书屋·红色的味道	沈瑾萱	宿迁市泗阳实验初级中学初一（50）班	彭晓云
3	一本好书，一次蜕变	刘 耀	盐城市鹿鸣路初级中学初一（12）班	翟建国
4	先生	刘梓涵	南京市钟英中学初一（4）班	王玉露
5	嗅一缕书香，品幸福生活	张志博	宿迁市湖滨新区余娟学校初三（4）班	凌红娟
6	沐浴书香一路向阳	唐王昱	宝应县实验初级中学初二（23）班	万红军
7	且闻书香伴成长	谢玥琦	镇江实验学校初一（4）班	邬小马
8	一览书卷醉清欢	王晗紫	东台市实验中学教育集团初二（23）班	姜巧兰
9	三读，三知	戚以诺	淮安市盱眙县第三中学初二(16)班	嵇原军
10	闻书香	孟艺璐	连云港市灌南县实验中学西校区初二（11）班	王如松
11	读书 品人	孔旭阳	江苏省连云港市东海县实验中学八（28）班	胡月芹
12	月光	张钦宁	南通市海安外国语学校初二年级	王胤萱
13	百年俱是梦，天地可徜徉	田志豪	南京师范大学附属中学邺城路初级中学初二（4）班	

续表

初中组				
序号	作品名称	作者	学校班级	指导老师
14	书香，伴我前行	陈铎艳	南京市第九初级中学初一（1）班	
15	墨香伴成长	姜岚茜	宿迁市晓店学校初三（6）班	张　军
16	埋在书香中的种子	刘佳丽	盐城市鹿鸣路初级中学初一（10）班	李　镇
17	人生之花	杨熙柔	泰州市海陵学校初二（2）班	丁　华
18	一片落在俄罗斯的雪 ——读《钢铁是怎样炼成的》有感	林承偌	泰州市姜堰区实验初级中学初二（9）班	朱寒瑾
19	生长在书上的成长脚印	许慧琳	盐城市楼王初级中学初二（2）班	
20	一路书香趁年华	孙一诺	南京市雨花台中学初二（12）班	
21	阅读，成为更好的自己	陈思颖	盐城市明达初级中学初三（10）班	顾　坚
22	木块的祷告	刘珏	泰州市姜堰区张甸初级中学初二（2）班	陈　盼
23	书香悠远，缕缕浓长	舒泓清	南京市鼓楼实验中学初一（7）班	
24	蔷薇花后的"友人"	陈沛菡	淮安市清河实验中学初三（2）班	李红娣
25	与书结缘	马力章	高邮市汪曾祺学校初中部初一（12）班	房春雨
26	方寸书中大天地	黄雨彤	句容市第二中学初一（12）班	王远月
27	感谢那个为我提灯的人	钱炎华	泰州市第二中学附属初级中学初二（14）班	朱小芹
28	平仄成书	方思涵	南京市致远初级中学初一（2）班	王　磊
29	读书，会遇见日新的自我	刘殷 梓诺	泰州市民兴实验中学初二（5）班	陈忠堂
30	小院里的诗人	吴欣然	南京师范大学附属中学邺城路初级中学初三（3）班	
优秀奖				
1	清香缀墨　书香伴行	郁言	苏州市吴中区迎春中学初二（6）班	查颖聪
2	过往	朱佳丽	宿迁市沭阳如东实验学校初二（12）班	
3	书香，伴我成长	李涵曦	南京市雨花台中学初二（12）班	
4	在书香中尝遍百味人生	邵紫涵	宿迁市沭阳如东实验学校初二（3）班	
5	浓浓的书香	刘颖	盐城景山中学初一（14）班	苏善进

续表

初中组					
序号	作品名称	作者	学校班级	指导老师
6	露水与大海	刘文娜	泰州市姜堰区第四中学初二（3）班	夏月中
7	循香飞翔	石婧琪	东台市实验中学教育集团初一（18）班	陶海健
8	书香，引领人生征途	马希晨	泰州市高港实验初级中学初一（1）班	奚美凤
9	一粒书痣	臧可吉	靖江市实验学校初二（7）班	高伯娣
10	书之香	孙包睿	南京市鼓楼实验中学初二（8）班	
11	书籍，我成长中最深的印记	程子歆	镇江市索普初级中学初二（1）班	王彬彬
12	书香润心田	张 雪	沭阳如东实验学校初二（13）班	
13	登上书籍的阶梯	张羽暄	南京市鼓楼实验中学初三（5）班	
14	油墨香中的成长	姚若冰	南京市致远初级中学初一（6）班	郭冬婷
15	纸落云烟处处生	管 苏	宿迁市富民路实验学校初二年级	
16	输与书	王子芸	宿迁市沭阳如东实验学校初二（7）班	
17	青春正是读书天	邵笛赫	徐州市新元中学初一（6）班	
18	读你，使我明心见性	石欣蕾	南京东山外国语学校初二（2）班	邹琳琳
19	幽幽书香	吴庭娴	常州市武进区湖塘桥初级中学	毛文娟
20	书香伴我成长	陈星如	宿迁经济技术开发区富民路实验学校初二（3）班	陈 玉
21	前度刘郎今又来	彭子晋	宿迁市泗阳县实验初级中学初一（24）班	李玲玲
22	奋斗者无畏	沈轶尘	兴化市板桥初级中学初一（18）班	刘淑梅
23	等风筝的人——读《追风筝的人》有感	李惠惠	宿迁市宿城区蔡集初级中学初三（5）班	黄卫玲
24	以书香为友，行万里征途	赵 易	宿迁市沭阳如东实验学校初二（27）班	
25	书香伴我成长	徐姜南	南京市鼓楼实验中学初二（10）班	
26	最是书香能致远	刘 然	如皋市高新技术产业开发区实验初中初一年级	徐相丞
27	为自己读书吧	成果儿	盐城景山中学初二（5）班	马秀龄
28	迢迢成长路，悠悠满书香	顾子淳	泰兴市实验初级中学初一（9）班	祝 颖

续表

序号	作品名称	作者	学校班级	指导老师
	初中组				
29	光的引导	吴周颀	东台市实验中学教育集团初二（7）班	金伟
30	信念和希望，永远的红色——读《红星照耀中国》有感	李欣润	泰州市姜堰区南苑学校初二（2）班	徐静
31	悠悠墨韵，字字入心	刘卢忆	靖江市滨江学校初一（5）班	钱蕾
32	悠悠书香，编织成长	戴安娜	南通市通州湾实验中学初二（1）班	顾美玲
33	墨香·痕迹·蜕变	司嘉康	泰州市第二中学附属初级中学初二（9）班	邱亚梅
34	读着	夏雨涵	淮安市清河实验中学初三（6）班	李红娣
35	点点书香，伴我度夏	梁柏钰	连云港市海州实验中学初三（6）班	许洪铭
36	书香伴我成长	肖瑞文	南京市鼓楼实验中学初一（3）班	
37	醉人墨香	钱奕朵	南通市通州区育才中学初一（25）班	胡亚萍
38	经岁月沉淀的书香	王诗忆	启东市百杏中学初一年级	
39	墨香书韵伴成长	刘伯源	南通西藏民族中学初二年级	严玉萍
40	好书伴我成长	陈皓然	南京市致远初级中学初二（5）班	
41	扔掉昨天，脚步才会轻盈——读《飞鸟集》有感	范芯蕊	启东市百杏中学初一年级	季秋屹
42	手握书卷，梦想启航	陶思妍	南京外国语学校雨花国际学校初二（1）班	
43	任书香陪伴我成长	程雨悦	盐城市滨海县蔡桥初级中学初二（1）班	陈维新
44	月光中的温情	薛雨涵	淮安市生态文化旅游区开明中学初一（7）班	张天靓
45	书香伴我成长	宋汶蓉	淮安市涟水县淮文外国语学校初二（6）班	马媛媛
46	成长的书屋	张嘉玲	江阴市璜塘中学初一（3）班	沈洪
47	一脉书香最怡人	李想	南京东山外国语学校初二（9）班	言宁旺
48	一路书香一路歌	刘一鸣	江阴市要塞中学初二（3）班	钱芸
49	书香陪伴，循序渐长	王思涵	南京外国语学校雨花国际学校初一（2）班	
50	书香伴我成长，阅读成就未来	卢广雨	淮安市洪泽湖初级中学初二（3）班	鲁晓建
51	书香	黄皓晨	南京外国语学校雨花国际学校初一（1）班	

续表

		初中组		
序号	作品名称	作者	学校班级	指导老师
52	品一缕书香，读百味人生	徐铭佳	常州市武进区横林初级中学初三（8）班	张剑敏
53	鹅卵石	陈怡萱	苏州市吴江区实验初级中学初二（21）班	张 崇
54	纸上的旧时光	张雨珊	扬州市宝应县开发区国际学校初二（12）班	季 宇
55	从未离去的朋友	刘家锦	淮安市淮阴区开明中学初一（20）班	刘晓妮
56	书香琳琅	陈可依	南京外国语学校初一（1）班	蒋兴超
57	不经风雨，怎能见彩虹——读《钢铁是怎样炼成的》有感	段佳韵	宿迁市宿城区洋北初级中学初二（1）班	陈玉平
58	书香伴我成长	郑梓祺	南京航空航天大学附属初级中学初一（5）班	张 颖
59	读《飞鸟集》品成长路	乔 菲	常州市新北区吕墅中学初一（5）班	赵亚丹
60	一书一世界，一读思一生	葛婧妍	南京外国语学校仙林分校初二（15）班	
61	向青草更青处漫溯	张鑫鑫	启东市鹤城初级中学初二（11）班	张玉红
62	走上无尽的成长路	李睿涵	海安市海陵中学初二（24）班	
63	岁月漫漫，书香常伴	姚天博	南通市启秀中学初一（4）班	张 燕
64	我和书	杨 芳	镇江市建山学校初二（2）班	王 军
65	朋友，你让我走向自己——读《小妇人》有感	陆 一	苏州市木渎高级中学初二（4）班	汪玉婷
66	诗词伴我成长	徐懿宁	昆山市葛江中学初二（10）班	刘春芳
67	有书伴我	丁 香	南京外国语学校仙林分校初二（8）班	
68	笑看人间辛酸泪——读《马克·吐温短篇小说集》有感	许闻韶	苏州市高新区景山实验初级中学初二（8）班	黄 宇
69	成长之旅，携书而行	方楹晴	无锡市八士中学初二（2）班	谢 萍
70	以阅读之炬，明人生之盏	王思文	连云港市海州实验中学初三（6）班	许洪铭
71	变成书页折成的鸟	周子涵	无锡市玉祁初级中学初二（11）班	唐夏萍
72	书香点亮漫漫长路	王艺臻	南京师范大学附属中学新城初级中学初二（15）班	邰 菲
73	书籍点亮生命，阅读成就人生	丁昌华	昆山市娄江实验学校初一（8）班	杨 迪

续表

初中组				
序号	作品名称	作者	学校班级	指导老师
74	历史的遗憾	任礼嘉	响水县实验初级中学初一（14）班	许满
75	品一缕书香	崔曦涵	盐城市鹿鸣路初级中学初一（12）班	翟建国
76	书香伴我成长	朱云晖	南京市鼓楼实验中学	周盼盼
77	常读常新的《西游记》	杜锦萱	扬州市翠岗中学初一（6）班	吴凤森
78	谁说女子不如男	陈欣萍	江阴市要塞中学初二（4）班	顾玲君
79	书香在心	陈韬宇	南京市钟英中学初一（8）班	朱洪芳
80	书香让我抵御诱惑	陈炎博	无锡市八士中学初二（9）班	彭阳
81	读书与生活	许文艳	丹阳市界牌中学初三（3）班	洪钰霞
82	像一颗滚石，一路往前——读《鲍勃·迪伦传：时代变了》有感	谢语柠	常州市正衡中学初二（13）班	高爱霞
83	罪与罚	马一诺	常州市钟楼实验中学初二（6）班	彭红星
84	闪烁在希楞柱上空最亮的星星——《额尔古纳河右岸》读后感	熊依晨	苏州市工业园区唯亭学校初二（18）班	晏碧荣
85	不辞青山，相随与共	曹秋瑾	句容市华阳中学	尹长富
86	读书梦，伴我成长！	段雨菲	江苏省连云港市东海县实验中学初一（3）班	倪欣然
87	又是江南烟雨色	穆宇晟	苏州市吴江区实验初级中学初二（21）班	张崇
88	生命，在苦痛中绽放——读《我与地坛》有感	寇译锐	连云港市海州实验中学初二（1）班	李服
89	感恩《撒哈拉的故事》	蒋妤欣	常州市新北区实验中学初二（18）班	徐英
90	润年华，是书香	张语珊	淮安市涟水县淮浦学校初二（2）班	徐艾芹
91	书香伴我成长	王彤旭	南京市鼓楼实验中学初一（3）班	
92	诗歌，纯真至美的所在	柏欣宜	扬州市翠岗中学初一（6）班	吴凤森
93	读书，悦己	陈雅洛	丹阳市第八中学初三（13）班	杜潇
94	声声书音，伴少年之心	杨烨	扬州市梅岭中学初二（9）班	陈涛
95	书香·成长	蒋沁孜	南京市第九初级中学初一（13）班	

续表

初中组				
序号	作品名称	作者	学校班级	指导老师
96	最是书香润心灵	管欣然	句容市第二中学初一（14）班	房华清
97	唯书能慰似水年华	鞠锋灿	泰兴市洋思中学初二（14）班	叶　萍
98	最是书香能致远	李子璇	连云港市东海县实验中学初二（30）班	高婷婷
99	书香四溢的人生	曹希予	扬州市文津中学初一（11）班	张桂兰
100	两代人的《读者》	戈　瑶	无锡市八士中学初二（9）班	彭　阳

序号	作品名称	作者	学校班级	指导老师
	高中组			
	一等奖			
1	个人与国家的关系 ——读《偷书贼》有感	孙雨桐	江苏省泗阳中学高二（11）班	王 泽
2	逃离缆车，奔赴旷野	胡晶晶	江苏省震泽中学高二（4）班	吴建方
3	破解预言	朱 可	南京师范大学附属中学高三（2）班	居 田
4	幻灭是灿烂的伊始	李雨甜	南京市宁海中学高三（8）班	杨潭影
5	吾心安处有书乡	胡亚雯	江苏省南菁高级中学高二（6）班	翟 亮
6	人间草木深，我心桃花源 ——淡淡书香，诗意成长	王欣怡	扬州市江都区丁沟中学高一（2）班	汤慧峰
7	读书记略	陆昶屹	江苏省南通中学高二（6）班	孙 晨
8	吹灭读书灯，一身都是月	刘 伟	淮安市金湖中学高一（4）班	罗德香
9	多批判方不受人惑	张博清	江苏省清江中学高三（13）班	王 茜
10	慎读，青少年成长之基	张乐尧	江苏省盐城中学高二（1）班	朱亚芳
	二等奖			
1	丧钟不鸣	汤 宁	南京师范大学附属中学高二（1）班	周春梅
2	窃	卫天倪	南京师范大学附属中学高二（2）班	夏 清
3	带着理性的荒诞	严绍伦	苏州实验科技城校高二（12）班	冯兆阳
4	谁在夜晚守护着孤独的月亮	常文博	南京外国语学校高一（4）班	
5	昭明台下半书生 ——乡邦文献与我的乡梓情	骆楷文	江苏省常熟中学高二（15）班	
6	山山而川，不过尔尔	陶奉仪	江苏省海门中学高一（1）班	
7	"红楼"一曲，大梦一场 ——读《红楼梦》有感	钱臆朵	南京市宁海中学高二（4）班	吴 锐
8	世界的绽放	胡冉月	江苏省海安高级中学高二年级	贲 玥
9	阅己，悦己，越己	朱思蕊	扬州市仙城中学高三（1）班	陶 迁
10	目送成长	尤钧诚	江苏省靖江高级中学高一（13）班	朱倩雨
11	庄子可医"现代病"	蒋浩轩	江苏省泗阳中学高二（4）班	姜祝萍

续表

高中组				
序号	作品名称	作者	学校班级	指导老师
12	那些你陪我走过的时光	李 鑫	连云港市东海县第二中学高一（23）班	王迎娜
13	以书为鉴的文学漫步	张渝庶	江苏省响水中学高二（19）班	李 娜
14	透过书之窗	姚睿齐	江苏省东海高级中学高二（7）班	董婷婷
15	书香墨浓，伴我同行	陆 川	盐城市阜宁县第一高级中学高三（18）班	王 军
16	书香氤氲，且行且歌	李 鑫	盐城市射阳县高级中学高一（15）班	廖凤菊
17	攀一程生命的峰峦	潘文鸿	无锡市辅仁高级中学高一（15）班	周 瑾
18	于书香中听见力量，于现实中展望将来	高雅静	常州市三河口高级中学高三（3）班	袁子皓
19	品书之蕴味，守心之清幽	何 梅	东台市三仓中学高二（10）班	陈 敏
20	诗酒趁年华	刘姝丽	盐城市滨海县明达中学高二（8）班	陈菲娜
	三等奖			
1	聊以玉札赠幽香	季桢铌	江苏省江阴市南菁高级中学高二（15）班	周 颖
2	鲜衣怒马少年时	陈哲雅	扬州市江都区丁沟中学高二（5）班	陈春美
3	原来姹紫嫣红开遍	张彦希	江苏省高邮市中学高一（1）班	张伟芳
4	做一个善读者	马立人	江苏省镇江第一中学高二（8）班	孟璇璇
5	书香茶韵，爝火不息（熄）	蔡梦洁	盐城市阜宁县滨湖高级中学高一（10）班	
6	魏晋风骨 ——《世说新语》读后感	王俪融	江苏省姜堰中学高一（1）班	回金明
7	山中高士晶莹雪，任是无情也动人	韩 怿	江苏省海安高级中学高二年级	贲 玥
8	文字为谁激扬	陶 雪	江苏省靖江高级中学高二（15）班	陈素志
9	书籍，诗意栖居的故友	张旻元	江苏省镇江第一中学高二（15）班	
10	翻过一座座山脊	钱星烨	无锡市第一中学高一（2）班	张 健
11	遍尝人间味，步道亦诗行 ——《人间词话》与我的成长	姚季成	常熟外国语学校	嵇 怡
12	沧桑岁月怀以热忱，不朽精神铸就传奇——读《老人与海》有感	李占悦	江苏省外国语学校高一（11）班	封 华

续表

高中组					
序号	作品名称	作者	学校班级	指导老师
13	永远的裘德——读哈代《无名的裘德》有感	程阳浩	江苏省震泽中学高二（10）班	刘丽华
14	执读书之灯，照成长之境	蒋芮捷	宿迁市沭阳县如东中学高三（23）班	
15	老人与海，人生与梦	杨慧	江苏省镇江第一中学高三（11）班	
16	煮一壶孤独——给自己的一封信	丁婧	扬州市仙城中学高三（12）班	王强
17	书道	金小雅	江苏省镇江第一中学高三（18）班	田静
18	我的心头，留下了一片雪花	王俊杰	江苏省海门中学高一（16）班	
19	散散其文，润心养魂	王宇坤	江苏省镇江第一中学高三（8）班	
20	水中倒影	王佑楠	南京师范大学附属中学高三（1）班	吴菊萍
21	翰墨书香，以伴青春	徐王景	盐城市东台创新高级中学高一（17）班	王晶
22	韶华青春，携书伴我	孙源	江苏省响水中学高二（3）班	贾建亚
23	玻璃晴朗，橘子辉煌	张小鹏	江苏省阜宁中等专业学校	秦浩
24	阿富汗的那只风筝——读《追风筝的人》有感	王晶	扬州市江都区丁沟中学高一（10）班	彭永成
25	心之所向，素履所往	孙周炜	江苏省靖江高级中学高二（7）班	王炎君
26	时为书香	俞闻樱	无锡市第一中学高一（10）班	黄砚滋
27	盗火	李运	江苏省南菁高级中学高二（1）班	陆琦
28	白天黑地	孙祎璇	淮安市楚州中学高一（9）班	屈宇
29	一本书的自述	宋智纯	江阴市青阳中学高一（6）班	高博华
30	潜入美学的碧海	穆衍图	江苏省盐城中学高一（3）班	王扣锁
优秀奖				
1	书，慰心之药	王蕾	江苏省怀仁中学高二（2）班	许静娟
2	浮生行书旅	李雨灿	江苏省海安高级中学高一（15）班	孙学信
3	胸中有丘壑，扉页寻星河	戴晓倩	江苏省南菁高级中学高二（13）班	张兰
4	为你，千千万万遍	沈可	江苏省姜堰中学高一（10）班	陈峰
5	一书一世界，一读一世间	陶梦涵	江阴市长泾中学	

续表

高中组				
序号	作品名称	作者	学校班级	指导老师
6	背书香行囊,行成长之路	朱力翔	丹阳市马相伯高级中学高二(4)班	李冬霞
7	灵魂之"剂"	黄可雯	无锡市青山高级中学高二(13)班	钱晓敏
8	书香脉脉,伴我成长	潘汐玥	江苏省锡东高级中学高一(9)班	顾 晔
9	燧火正明之时,赴山河 ——读《呐喊》有感	吕佳念	北京师范大学盐城附属学校高一(1)班	
10	岁月失语,唯书能言	董嘉佳	盐城市阜宁县东沟中学高二(15)班	
11	诗落雨惊春,词染霜景秋	张子威	江苏省阜宁中等专业学校	秦 浩
12	追寻	刘欣悦	江苏省天一中学	
13	书香悠悠	吴迪立	北京师范大学盐城附属学校高一(5)班	
14	淡墨素香飘红尘,白纸黑字书成长	刘泽远	靖江市第一高级中学高二(18)班	万永红
15	吹灭读书灯,一身都是月	余春阅	北京师范大学盐城附属学校高一(1)班	
16	撷一缕书香	刘思源	江苏省海安高级中学高一(15)班	孙学信
17	耘田汲泓湖	吴冰焰	江苏省盐城中学高一(14)班	顾 蕾
18	书香伴我成长	倪文暄	盐城市建湖县第一中学高二(9)班	景小蓉
19	书籍的花香	罗美薇	江苏省大丰高级中学高二(8)班	王冬梅
20	一蓑烟雨任平生 ——读《活着》有感	王欣杨	江苏省兴化中学高一(17)班	徐玉荃
21	成凡	杨知涵	南京市宁海中学高三(5)班	华乐菲
22	轻舟已过万重山	王 晴	无锡市青山高级中学高二(5)班	龚 毅
23	品书香一缕,阅人生百历	孙 欣	扬州市江都区邵伯高级中学高一(8)班	孔 蕾
24	书香常伴,文化长谈	王鑫晨	江苏省阜宁中等专业学校	秦 浩
25	一束阳光,一片草木	顾澄雪	无锡市青山高级中学高二(15)班	
26	书之何色	张鞠然	江苏省靖江高级中学高一(15)班	荣雪飞
27	品馥郁书香,悟百味人生	乔宇辰	泰州市姜堰区溱潼中学高一(4)班	钱欣悦
28	书香伴我行	褚敏彤	无锡市青山高级中学高二(5)班	
29	海边书社	杜婉婷	泰州市第三高级中学高一(2)班	姚 顺

续表

		高中组		
序号	作品名称	作者	学校班级	指导老师
30	痕——读《活着》有感	徐悠然	江苏省兴化中学高一（17）班	徐玉荃
31	素履可往	王梦雅	江苏省锡山高级中学锡西分校高一（6）班	高洋
32	一艘船，一个万里长梦	徐婧昀	江苏省兴化中学高一（17）班	徐玉荃
33	以书为伴，诗酒趁年华	黄天民	江苏省大丰高级中学高一（2）班	王爱明
34	永远的道德经	王宇航	江苏省泗阳中学高二（10）班	雷蕾
35	一种源于文字的力量	黄子秋	泰州市姜堰区溱潼中学高二（4）班	钱宏策
36	在世俗的雨里，决定成为自己	肖皓仁	江苏省泰兴中学高二（7）班	石爱国
37	从容的古迹	吴思娴	泰州市姜堰区张甸中学高三（2）班	贺国莉
38	心中有爱，遍地开花 ——读《人间告白》有感	顾佳叶	江苏省木渎高级中学高二（2）班	施利萍
39	人生何处不"守望" ——读《守望的距离》有感	蒋子旭	江苏省泗阳中学高二（46）班	姜庭轩
40	做一个善读者，品"舍得"的奥秘	洪翰雅	华东师范大学盐城高级中学	谷连卿
41	可它爱着这个世界	孔梦雪	宿迁市沭阳县如东中学高三（23）班	
42	书香伴我阅读，光阴见我蜕变	苏俊文	宿迁北附同文实验学校高三（3）班	
43	书香悠悠，吾生遥遥	朱盼盼	宿迁市沭阳县如东中学高三（23）班	
44	一缕书香，一身俱醉	陈玥颖	常州市武进区礼嘉高级中学高一（3）班	曹兰
45	为自己而读的小说	向嵘	江苏省镇江第一中学高三（6）班	
46	远方虽热烈，家乡永温存	祁高一	南京师范大学盐城实验学校高二（6）班	周媛
47	以改变筑成长——《罪与罚》书评	周熙文	江苏省镇江第一中学高二（8）班	张红霞
48	望文化长道，品成长苦旅	张艺骞	南通市天星湖中学高二年级	杨莉
49	书中自有湖心亭	蒋雨彤	江苏省海安高级中学高一（15）班	孙学信
50	阅·悦	闻宇翔	江苏省靖江高级中学高二（1）班	汪洋
51	繁星纵变，科学永恒 ——《微观尽头》读后感	李镁垭	常熟市浒浦高级中学高一（1）班	毛燕芳
52	读书，遇见自己	李金珠	宿迁市沭阳县如东中学高三（23）班	

续表

序号	作品名称	作者	学校班级	指导老师
	高中组			
53	书香弥漫心头	肖舒淇	北京师范大学盐城附属学校高一（5）班	
54	书香伴我成长	汤萌萌	淮安市楚州中学高二（21）班	王剑飞
55	泊书海记	游梓轩	江苏省海门中学高一（14）班	
56	书香长存，何惧长路	吴怿铭	华东师范大学盐城高级中学高三（11）班	启 飞
57	烟雨书香	姜琪悦	盐城市射阳县高级中学高一（5）班	宋江宁
58	品书香，结名士，这盛世如你所愿	刘 悦	北京师范大学盐城附属学校高二（4）班	马莹莹
59	打破偏见，以"心"观世	刘 诚	南京市宁海中学高三（7）班	杨 蓉
60	书中的声音	江音桦	江苏省海门中学高一（1）班	
61	勇敢走向风雪大宇宙——感受《被讨厌的勇气》中的自由	左李晔	江苏省震泽中学高二（5）班	苏 艳
62	品自清作品，铸清自精神	胡骁逸	江苏省海州高级中学高二（15）班	李如凤
63	无比残酷的自然，无可征服的生命——读《老人与海》有感	蒋静茹	苏州实验中学科技城校高二（4）班	张 众
	书香沁芳	张媛媛	淮安市渔沟高级中学高一（4）班	杨晓迪
65	书在变化，而我也在成长	蔡露西	苏州市吴中区甪直高级中学高一（7）班	焦成丽
66	弯腰闲看一片草叶——读惠特曼《草叶集》有感	余陆陆	江苏省太仓高级中学高二（13）班	方明生
67	千百年，万里路——观《文化苦旅》有感	沈驿歆	昆山市柏庐高级中学高二（1）班	
68	读《悉达多》	王瀚文	南京师范大学附属中学高三（7）班	
69	书香伴我成长	曹涵毓	南京市宁海中学高三（1）班	
70	阅读·墨香·成长	陈志航	江苏省海州高级中学高二（1）班	张 莹
71	千年沉淀如香茗，国粹经典无穷韵	万米来	北京师范大学盐城附属学校高一（1）班	
72	借书为目	刘赛娅	江苏省东海高级中学高二（1）班	乔彩玲
73	弥漫在成长路上的书香	李俊逸	淮安市第一高级中学高二（4）班	庄秋菊
74	且听风吟，书香氤氲	袁瑀潞	淮安市范集中学高一（7）班	毛敏婧
75	书香伴我成长	王顾欣	江苏省金湖中等专业学校21计平班	任海燕

续表

| \multicolumn{5}{c}{高中组} |
序号	作品名称	作者	学校班级	指导老师
76	书香缱绻，岁月生香	孙林	江苏省清江中学高三（13）班	
77	只要活着，总有希望——读《活着》有感	刘雨霏	江苏省兴化中学高一（17）班	徐玉荃
78	书韵飘香，芸编至恒	刘翔	淮安市南陈集中学高二（2）班	吴周依婷
79	惟书有色，艳于西子	胡腾月	江苏省盱眙中学高二（21）班	孙超
80	一路读书，一路修行	徐天笑	江苏省如东高级中学高二（9）班	姚赛男
81	醉吻墨香醒念卿	杨紫颜	江苏省洪泽中学高一（14）班	刘永贵
82	书香伴我成长	张世钰	淮安市楚州中学高一（4）班	王利珍
83	古籍，生命中的摆渡人	闫术	丹阳市珥陵高级中学高一（7）班	夏芸
84	聚读书之力，书盛世华章	罗心瑜	江苏省清江中学高三（13）班	
85	苦旅不苦——读《文化苦旅》有感	兰鸿庆	淮安市新马高级中学高一（1）班	刘帅
86	论言语表达的理性之美	杨俞悦	淮安市金湖县第二中学高一（3）班	林芳
87	书页的阶梯	顾心怡	江苏省南菁高级中学高二（13）班	张兰
88	书香缭绕，成就人生	杨铁非	常州市三河口高级中学高三（3）班	袁子皓
89	品好书之味，绽成长之花	沈孟盈	南通市如东县马塘中学高一（4）班	周建娟
90	红楼一世界，世界一红楼	接熙航	江苏省海安高级中学高二年级	贲玥
91	因为书籍在那里	金子萌	江苏省震泽中学高二（1）班	徐燕
92	相思是一条永不枯竭的河	周砺寒	苏州工业园区星海实验中学高一（2）班	
93	灯里温《漱玉》，月里凝书香	缪赵榕	江苏省栟茶高级中学高一年级	赵新燕
94	两袖书香尽阅，许我半生远行	茅珈铭	江苏省海门中学高一（1）班	代峰
95	岁月沾风展书卷	陆路兮	南京市人民中学高一（3）班	姜荣
96	书中自有我挚爱，豪迈豁达显气概	李佳音	江苏省海州高级中学高一（3）班	吴瑛健
97	海棠未眠	徐若潇	江苏省大港中学高一（13）班	胡小球
98	一场不平凡的相遇	李艳	淮安市新马高级中学高一（4）班	田荏
99	漫漫长途，以书为伴	杨若琪	丹阳市正则高级中学高一（16）班	商志华
100	我的书屋，我的梦	张雨彤	江苏省淮北中学	

优秀指导老师奖名单
（排名不分先后）

序号	姓名	单位
1	秦祥涛	南京市力学小学
2	陆 健	南京市中华中学附属小学
3	邵宇辰	南京师范大学附属中学新城小学
4	李 莉	南京市游府西街小学
5	葛 磊	南京市雨花台中学初中部
6	周盼盼	南京市鼓楼实验中学
7	张 颖	南京航空航天大学附属初级中学
8	居 田	南京师范大学附属中学
9	杨潭影	南京市宁海中学
10	王 晖	江阴市澄江中心小学
11	翟 亮	江苏省南菁高级中学
12	吴海芳	张家港市白鹿小学
13	吴建方	江苏省震泽中学
14	孙 晨	江苏省南通中学
15	朱从浩	淮安市实验小学
16	陈 瑶	江苏省淮阴中学(新城校区)
17	罗德香	淮安市金湖中学
18	王 茜	江苏省清江中学
19	王开玲	盐城市力行小学
20	唐 阅	盐城市鹿鸣路初级中学
21	周以红	盐城市金丰路初级中学
22	朱亚芳	江苏省盐城中学
23	孔德俭	扬州市平山实验学校
24	汤慧峰	扬州市江都区丁沟中学

续表

序号	姓名	单位
25	黄冬琴	丹阳市云阳学校
26	何 军	扬中市第一中学
27	陈红芳	泰州市实验小学
28	张改凤	泰州市姜堰区东桥小学教育集团东板桥校区
29	吴海霞	兴化市昭阳湖初级中学
30	王 泽	江苏省泗阳中学

优秀组织奖名单
（地区和学校排名不分先后）

一、地区（8个）
南京市
常州市
苏州市
连云港市
淮安市
盐城市
镇江市
泰州市

二、学校（70个）
南京市力学小学
南京市拉萨路小学
南京市琅琊路小学
南京市银城小学
南京师范大学附属中学新城小学
南京市中华中学附属小学
南京市游府西街小学
南京市鼓楼实验中学
南京航空航天大学附属初级中学
南京市雨花台中学初中部
南京市致远初级中学
南京市钟英中学
南京师范大学附属中学
南京市宁海中学
江阴市澄江中心小学

续表

无锡市五爱小学
无锡市八士中学
江阴市要塞中学
江苏省南菁高级中学
无锡市第一中学
徐州市华润小学
常州市武进区崔桥小学
常州市博爱教育集团
常州市正衡中学
常州市武进区湖塘桥初级中学
常州市武进区礼嘉高级中学
苏州市姑苏区金筑实验小学
江苏省震泽中学
苏州市善耕实验小学
江苏省南通师范学校第二附属小学
海安市曲塘中学附属初级中学
江苏省海门中学
连云港市东海高级中学
连云港市东海县第二中学
江苏省连云港师范高等专科学校第三附属小学
连云港市东海县实验中学
淮安市实验小学
淮安小学
江苏省淮阴中学（新城校区）
淮安市清河实验中学
淮安市楚州中学
江苏省清江中学
盐城市神州路小学

续表

盐城市阜宁县实验小学向阳路校区
盐城市鹿鸣路初级中学
盐城市东台市实验中学教育集团
北京师范大学盐城附属学校
盐城市射阳县高级中学
江苏省盐城中学
扬州市梅岭小学
扬州市邗江区美琪学校
高邮市汪曾祺学校初中部
扬州市翠岗中学
扬州市江都区丁沟中学
镇江实验学校
句容市崇明小学
丹阳市埤城中心小学
丹阳市界牌中学
句容市华阳中学
江苏省镇江第一中学
泰州市靖江外国语学校
泰州市城东中心小学教育集团鼓楼校区
泰州市姜堰区实验初级中学
兴化市板桥初级中学
江苏省靖江高级中学
宿迁市泗阳县实验小学
宿迁市沭阳如东实验学校
宿迁市泗阳县实验初级中学
宿迁市沭阳县如东中学
江苏省泗阳中学

图书在版编目（CIP）数据

书香伴我成长：江苏省青少年征文大赛优秀作品集／江苏省青少年征文大赛组委会编．— 南京：南京师范大学出版社，2023.12
　ISBN 978-7-5651-5900-8

Ⅰ．①书… Ⅱ．①江… Ⅲ．①作文－中小学－选集 Ⅳ．① H194.5

中国国家版本馆 CIP 数据核字（2023）第 210263 号

书　　名	书香伴我成长：江苏省青少年征文大赛优秀作品集
编　　者	江苏省青少年征文大赛组委会
统　　筹	王文坚　王　璟
责任编辑	杨佳宜
特约编辑	周　静
出版发行	南京师范大学出版社
地　　址	江苏省南京市玄武区后宰门西村 9 号（邮编：210016）
电　　话	（025）83598919（总编办）　83598412（营销部）　83598009（邮购部）
网　　址	http://press.njnu.edu.cn
电子信箱	nspzbb@njnu.edu.cn
照　　排	南京凯建文化发展有限公司
印　　刷	盐城志坤印刷有限公司
开　　本	787 毫米 ×1092 毫米　1/16
印　　张	17.25
插　　页	4
字　　数	238 千
版　　次	2023 年 12 月第 1 版
印　　次	2023 年 12 月第 1 次印刷
书　　号	ISBN 978-7-5651-5900-8
定　　价	52.00 元
出 版 人	张　鹏

南京师大版图书若有印装问题请与销售商调换
版权所有　　侵犯必究